犬《いぬ》の車《くるま》いす物《もの》語《がたり》

沢《さわ》田《だ》俊《とし》子《こ》／文《ぶん》

講談社 青い鳥文庫

もくじ

第《だい》 2 章《しょう》

車《くるま》いすの犬《いぬ》たち

第《だい》 3 章《しょう》

夢《ゆめ》はどんどん広《ひろ》がって

はじめに

（え、犬《いぬ》が車《くるま》いすにのっている！）

ある日《ひ》、テレビを観《み》ていたわたし（著者《ちょしゃ》）はおどろいて、画面《がめん》にくぎづけになりました。小《ちい》さな犬《いぬ》が二輪《にりん》の車《くるま》いすにうしろ足《あし》をのせて、前足《まえあし》だけでひょこひょこ歩《ある》いていたのです。

（どうしたのだろう？）

と思《おも》いました。

病気《びょうき》？　けが？　それとも年《とし》をとったから？

その犬《いぬ》はダ*ックスフントで、ヘルニアという腰《こし》の病気《びょうき》でした。うしろ足《あし》が使《つか》

えなくなり、ねたきりになっていたそうですが、うしろ足《あし》の代《か》わりになる車《くるま》いすを作《つく》ってもらって、

「こうして、歩《ある》けるようになったんです。」

と、飼《か》い主《ぬし》さんは、とてもよろこんでいました。トイレ散歩《さんぽ》に行《い》けるようになって、健康状態《けんこうじょうたい》もよくなったそうです。

犬《いぬ》の車《くるま》いすを作《つく》っている川西英治《かわにしえいじ》さんと仁美《ひろみ》さんご夫妻《ふさい》のやりとりが、漫才《まんざい》のようにおもしろくって、テレビに見入《みい》ってしまいました。

工房《こうぼう》のかべ一面《いちめん》に、車《くるま》いすの犬《いぬ》の写真《しゃしん》がたくさんはってあるのを見《み》て、

（どんなエピソードがあるのだろう。ぜひ、取材《しゅざい》してみたい。）

と思《おも》いました。

＊ダックスフント〈Dachs hund〉――ダックスフンドとも読《よ》む。

第《だい》1章《しょう》

犬《いぬ》の車《くるま》いす屋《や》さんになったきっかけ

1 愛犬《あいけん》スイーピーの車《くるま》いす

二〇一三年《ねん》のことです。大阪府《おおさかふ》に住《す》んでいる川西英治《かわにしえいじ》さんと仁美《ひろみ》さんご夫妻《ふさい》は、愛犬《あいけん》の歩《ある》き方《かた》がおかしいのに気《き》づいていました。足《あし》を引《ひ》きずっています。

「足《あし》、痛《いた》いんかな。」

愛犬《あいけん》は、ダックスフントのスイーピー。そろそろ八歳《さい》になるのですが、持病《じびょう》の椎間板《ついかんばん》ヘルニアが進《すす》んできたのです。

自由《じゆう》に歩《ある》けなくなったストレスからか、スイーピーは食欲《しょくよく》がなくなり、好《す》きなおもちゃでも遊《あそ》ばなくなり、七キロあった体重《たいじゅう》が、なんと三キロにへってしまいました。

獣医《じゅうい》さんに相談《そうだん》すると、

「車《くるま》いすを使《つか》って、運動《うんどう》させてみませんか？　筋力《きんりょく》がつくかもしれませんよ。」

と、すすめてくれました。

市販《しはん》の車《くるま》いすはL《エル》、M《エム》、S《エス》サイズがあり、獣医《じゅうい》さんがスイーピーに合《あ》う大《おお》きさの車《くるま》いすを見《み》つくろって、手配《てはい》してくれるそうです。

すがる思《おも》いで注文《ちゅうもん》して、家《いえ》に帰《かえ》りました。

夕方《ゆうがた》、獣医《じゅうい》さんから電話《でんわ》がありました。

「とどきましたよ。」

「うわ、もう？　早《は》や。」

いそいで、受《う》け取《と》りに行《い》きました。

うしろ足用《あしよう》の二輪《にりん》の車《くるま》いすでした。

「そうか、ヘルニアでマヒしたうしろ足《あし》が地面《じめん》につかないようになっているのか。」

スイーピーを車《くるま》いすにのせると、前足《まえあし》だけで、すたすた歩《ある》きだしました。

「足《あし》、痛《いた》いのかな。平気《へいき》な顔《かお》して歩《ある》いてるよ。」

トイレも自力《じりき》でしています。

「車《くるま》いす、すごいな。」

ところがトイレに行《い》くときはのるのですが、家《いえ》の中《なか》では、いやがって、車《くるま》いすをつけさせてくれません。なぜなのか観察《かんさつ》してみると、スイーピーの体《からだ》に合《あ》っていないところがあちこちにありました。

「ここがすれるんかも。」

と仁美《ひろみ》さんがわきばらのあたりを指《ゆび》さすと、英治《えいじ》さんが、

「ベルトが、きついからやろか。」

とうなずきます。

「車輪《しゃりん》の動《うご》きが悪《わる》いんちゃう？」

「そやな。」

なによりも、車《くるま》いすにのせたりおろしたりするのに、手間取《てまど》ります。安全《あんぜん》を重視《じゅうし》しすぎるあまりに、ベルトをつけたり、せまい所《ところ》に足《あし》を通《とお》したり、ややこしい作《つく》りになっているからです。

英治《えいじ》さんが部品《ぶひん》を買《か》ってきて取《と》りかえたり、調整《ちょうせい》したり、あちこち改造《かいぞう》したりしたところ、スイーピーは、家《いえ》の中《なか》でも車《くるま》いすのまま歩《ある》くようになりました。もちろん散歩《さんぽ》も、よろこんで行《い》きます。

食欲《しょくよく》が出《で》てくると、へっていた体重《たいじゅう》が少《すこ》しずつふえてきて、二か月後《げつご》には、元《もと》の七キロにもどりました。

すると、車《くるま》いすが小《ちい》さくなってしまいました。車《くるま》いすを買《か》いかえなければなりません。病院《びょういん》で買《か》った車《くるま》いすは、あまりよくなかったので、ほかのところで買《か》おうと、インターネットでさがしてみました。いろいろあるにはあるのですが、値段《ねだん》がけっこうするのです。

「高《たか》すぎ。あんた、作《つく》られへん？」

仁美《ひろみ》さんが、聞《き》きました。

「できんことはない。」

「ほな、やってみて。」

英治《えいじ》さんは小《ちい》さいときから工作《こうさく》が得意《とくい》で、今《いま》でも、電気《でんき》の配線《はいせん》などのかんたんな工事《こうじ》なら、自分《じぶん》でしてしまいます。

とはいえ、犬《いぬ》の車《くるま》いすを作《つく》るのは初《はじ》めてです。車《くるま》いすを分解《ぶんかい》して、どんな材《ざい》料《りょう》がいるか、調《しら》べました。

「もっと軽《かる》いパイプをさがしてみよかな。」

「車輪《しゃりん》も、回転《かいてん》しやすいのをつけたらどやろ？」

材料《ざいりょう》だけではなく、工具《こうぐ》もいります。英治《えいじ》さんは、ひまを見《み》つけては近《ちか》くのホームセンターに入《い》りびたりです。

「あんた、のるのはスイーピーやで。スイーピーがよろこぶように作《つく》ってやってや。」

「わかってる。」

「プラス、散歩《さんぽ》させるわたしの身《み》にもなってな。」

仁美《ひろみ》さんは、つぎつぎ注文《ちゅうもん》をつけていきます。それを、英治《えいじ》さんは、（もっともだ。）と、受《う》け入《い》れます。

車《くるま》いす作《づく》りは、時間《じかん》のあいているときにだけする、なれない作業《さぎょう》でした。「ああでもない。」「こうでもない。」「ここはこうしようか。」となんども作《つく》り直《なお》すので、完成《かんせい》するまでに二か月《げつ》かかりました。が、ふたりで意見《いけん》を出《だ》し合《あ》ったので、スイーピーの症状《しょうじょう》と体形《たいけい》に合《あ》った理想的《りそうてき》な車《くるま》いすができあがりました。

ただ、問題《もんだい》は、かかった材料費《ざいりょうひ》です。材料《ざいりょう》をなんども買《か》いかえたこともありますが、パイプを切《き》ったり、あなを開《あ》けたり、つないだりする工具《こうぐ》を一《いち》からそろえたので、三十万円《まんえん》もかかりました。

「これやったら、買《こ》うたほうが安《やす》かったやん。」

「えらい誤算《ごさん》やったな。」

夫婦《ふうふ》でため息《いき》をつきました。

でも、おかげで、スイーピーはうしろ足《あし》を車《くるま》いすにささえられて、元《げん》気《き》なときのように軽々《かるがる》と歩《ある》くことができるようになったのです。

家《いえ》の中《なか》でも、車《くるま》いすで自由《じゆう》に歩《ある》き、えさを食《た》べにいったり、水《みず》を飲《の》みにいったりしています。

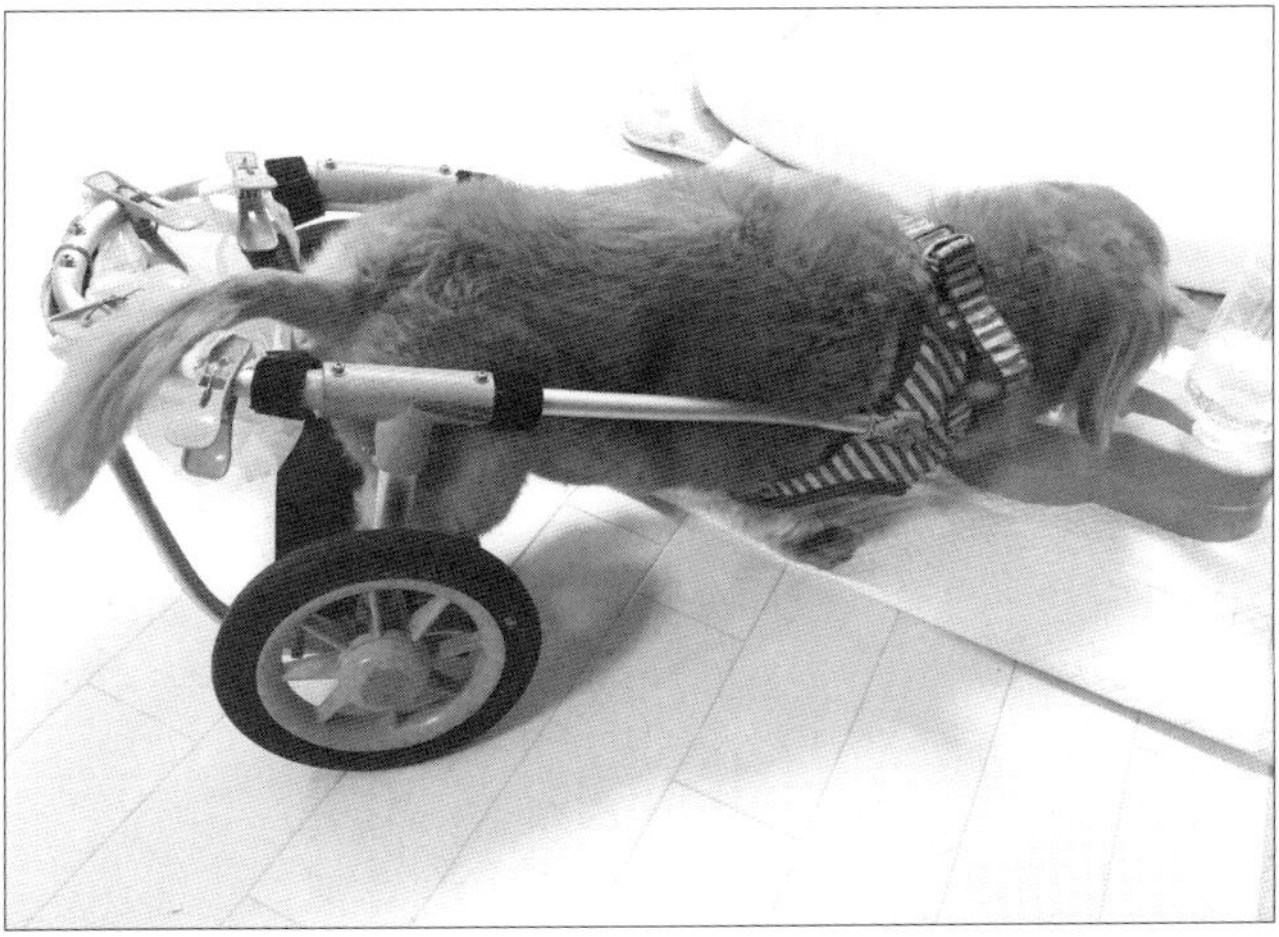

自分《じぶん》で歩《ある》いてえさを食《た》べにいけるようになった。

2 犬《いぬ》に多《おお》い腰《こし》の病《びょう》気《き》

車《くるま》いすにのって散《さん》歩《ぽ》するスイーピーを見《み》て、

「かわいそうに。そんなことまでして、歩《ある》かさんでもええのに。ぎゃくたいとちがうか。」

と、ひなんする人《ひと》もいました。が、

「それ、どこで買《か》ったん？　うちの子《こ》にもほしいわ。うちの子《こ》もヘルニ

正常《せいじょう》なとき

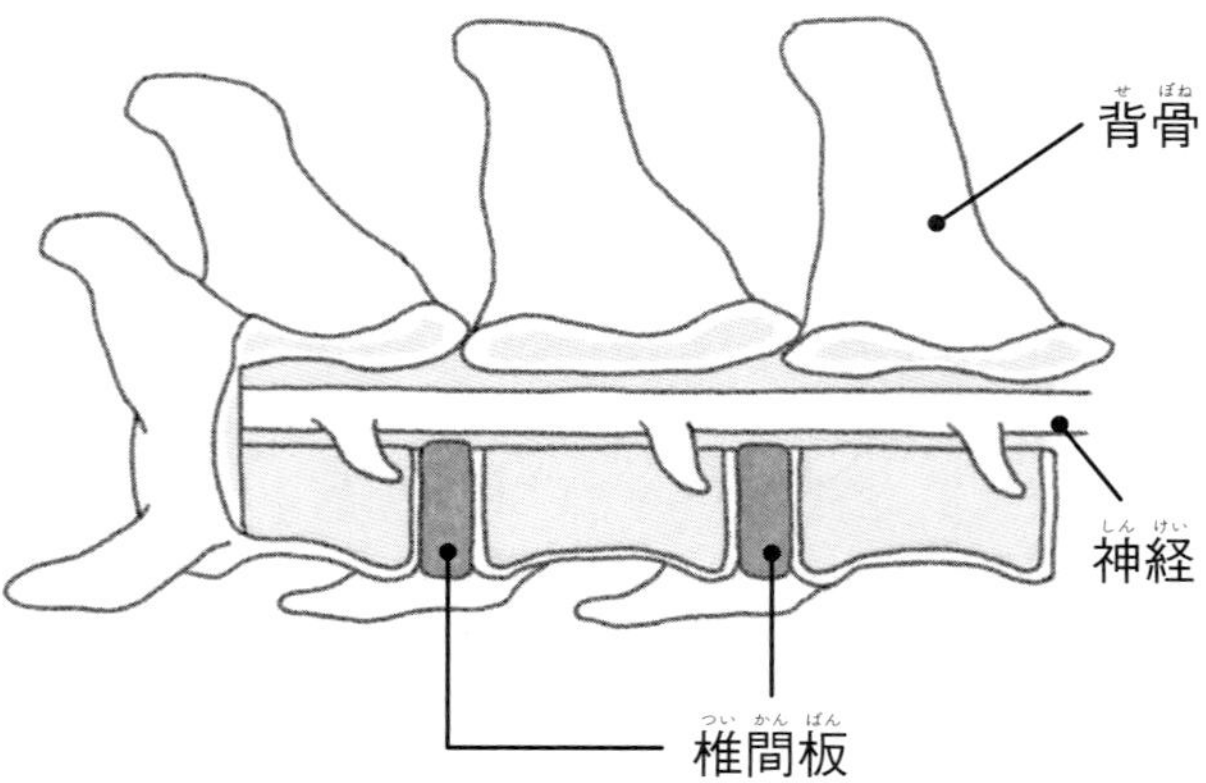

アで歩《ある》かれへんねん。」

と、声《こえ》をかけてくる人《ひと》もいました。その人《ひと》の飼《か》い犬《いぬ》は、スイーピーと同《おな》じダックスフントだそうです。

ダックスフントやコーギーのように、胴長短足《どうながたんそく》の犬種《けんしゅ》には、椎間板《ついかんばん》ヘルニアという病気《びょうき》がよくおこります。

最初《さいしょ》は腰《こし》の痛《いた》みから始《はじ》まりますが、治療《ちりょう》をしていても、下半身《かはんしん》がマヒしていって、歩《ある》けなくなることがあるのです。

椎間板《ついかんばん》ヘルニアを起《お》こした状態《じょうたい》

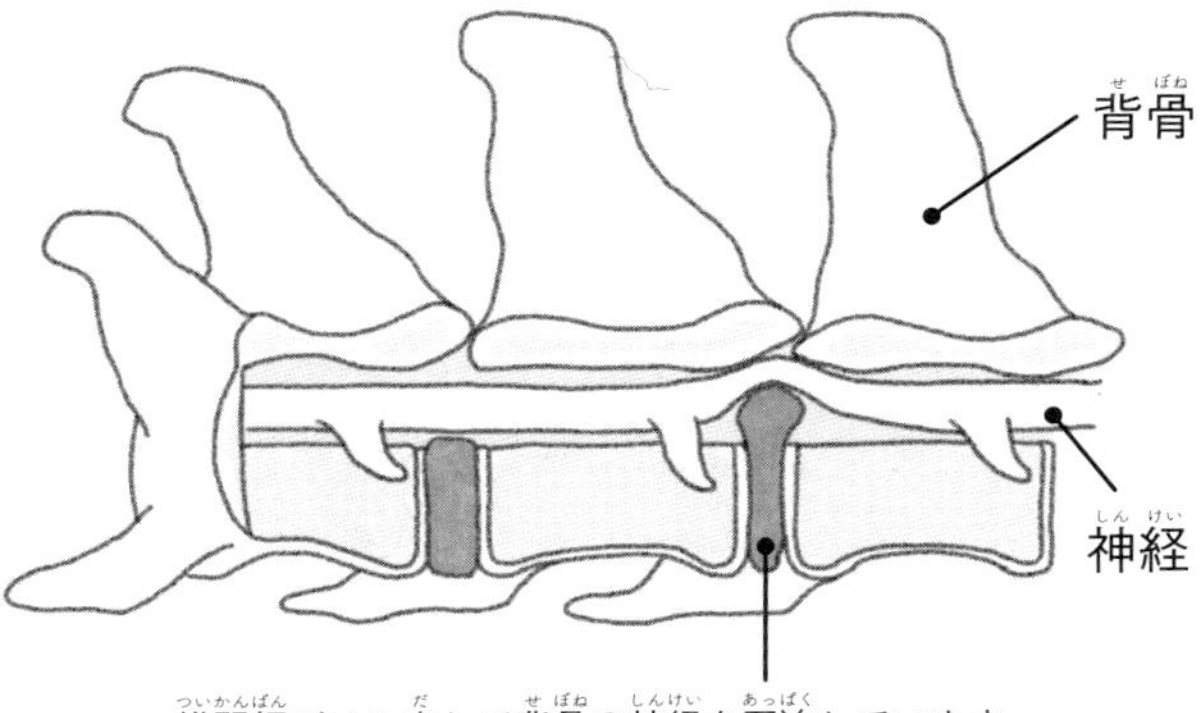

椎間板《ついかんばん》がはみ出《だ》して背骨《せぼね》の神経《しんけい》を圧迫《あっぱく》しています。

首《くび》から腰《こし》にかけて背中《せなか》を走《はし》る背骨《せぼね》は、ひとつの長《なが》い骨《ほね》ではなく、小《ちい》さな骨《ほね》が一直線《いっちょくせん》にならんでできています。これは人間《にんげん》も犬《いぬ》も同《おな》じです。骨《ほね》と骨《ほね》の間《あいだ》にあるのが椎間板《ついかんばん》です。この椎間板《ついかんばん》のおかげで、腰《こし》を曲《ま》げたり伸《の》ばしたり、ひねったりすることができるのですが、それがすりへったり、ゆがんだりすると、神経《しんけい》にさわって痛《いた》みが出《で》て、歩《ある》けなくなるのです。

「大金《たいきん》はらって、道具《どうぐ》もそろえたことやし、作《つく》ってあげたら。」

仁美《ひろみ》さんに言《い》われ、散歩中《さんぽちゅう》に声《こえ》をかけてきた人《ひと》に、実費《じっぴ》で犬《いぬ》の車《くるま》いすを作《つく》ってあげると、とてもよろこんでもらえました。

「同《おな》じ思《おも》いの人《ひと》が、たくさんいてはるんちがうかな。」

仁美《ひろみ》さんのすすめで、英治《えいじ》さんは、車《くるま》いすの製品化《せいひんか》に向《む》けて試作《しさく》を始《はじ》めました。

「安全第一《あんぜんだいいち》。リハビリになるように、考《かんが》えてや。」

「もちろんや。」

「注文《ちゅうもん》があったら自分《じぶん》とこの犬《いぬ》や思《おも》って、その子《こ》にとって、最高《さいこう》の車《くるま》いすを作《つく》ろな。」

「わかってる。」

「あんた、軽《かる》かったらええというもんやないで。強《つよ》い風《かぜ》がふいてきてもたおれたり、おしもどされたりしないようによう考《かんが》えて、けがのないようにしてや。」

「ラジャー。」

最初《さいしょ》に車《くるま》いすを作《つく》ってあげた人《ひと》からの口《くち》コミもありましたが、ホームページを立《た》ち上《あ》げてみたところ、最初《さいしょ》の一か月《げつ》で、五件《けん》も依頼《いらい》がありました。

英治《えいじ》さんは軽量《けいりょう》で丈夫《じょうぶ》なうえ、価格《かかく》が安《やす》いことをめざしました。

「たとえ安《やす》うても、お金《かね》をもらうからには、あんたはプロやで。ええもんを作《つく》らなあかんで。」

仁美《ひろみ》さんがはっぱをかけました。

「そやな。」

車《くるま》いす作《づく》りは、どんどん本格的《ほんかくてき》になっていきました。

スイーピーの生《い》き生《い》きした表情《ひょうじょう》や、元気《げんき》になった経験《けいけん》から、英治《えいじ》さんと仁美《ひろみ》さんは、

(どの犬《いぬ》も、歩《ある》かせてあげたい。)

という強《つよ》い思《おも》いがある一方《いっぽう》で、

「車《くるま》いすにのせたら症状《しょうじょう》が悪化《あっか》することもあるかも。そんな無責任《むせきにん》なことはできひんな。」

と、慎重《しんちょう》に話《はな》し合《あ》いました。
車《くるま》いすを提供《ていきょう》するからには、人《ひと》たちの相談《そうだん》にも、のれるようになりたい。
（病気《びょうき》の犬《いぬ》をかかえている人たちの相談にも、のれるようになりたい。）

と、仁美《ひろみ》さんは思《おも》いました。そこで、犬《いぬ》の体《からだ》や病気《びょうき》や介護《かいご》について、ちゃんと知《し》っておくために勉強《べんきょう》をして、「動物看護師《どうぶつかんごし》」と「動物介護士《どうぶつかいごし》」の資格《しかく》を取《と》りました。

資格《しかく》を取《と》るために、たくさんの本《ほん》を読《よ》んで、猛勉強《もうべんきょう》をしました。本《ほん》に書《か》かれていることのほとんどが、体験《たいけん》を通《とお》して知《し》っていることでした。というのも、そのころの仁美《ひろみ》さんは、チワワ、ダックスフント、マルチーズなど、保護《ほご》した犬《いぬ》やあずかった犬《いぬ》などの介護《かいご》をしていたからです。それらの犬《いぬ》の中《なか》には、人間《にんげん》の目的《もくてき》や好《この》みに合《あ》わせて、より小《ちい》さくしたり、速《はや》く走《はし》れるようにしたりするなど品種改良《ひんしゅかいりょう》*してきたことでおこる病気《びょうき》の犬《いぬ》もいて、仁美《ひろみ》さんは胸《むね》を痛《いた》めることもありました。

（そんな犬《いぬ》たちの役《やく》に立《た》ちたい。）

仁美《ひろみ》さんは、強《つよ》く思《おも》いました。

犬《いぬ》が立《た》てなくなったからと車《くるま》いすの注文《ちゅうもん》にやってくる人《ひと》には、まず「病院《びょういん》に行《い》くように。」とすすめます。運動《うんどう》をしてはいけないケースや、車《くるま》いすにのせることで病気《びょうき》が悪化《あっか》するケース、痛《いた》がるケース、犬《いぬ》がストレスを感《かん》じるケースもあるからです。犬《いぬ》の体《からだ》に悪《わる》いと思《おも》ったら、注文《ちゅうもん》は受《う》けません。

こうして、川西《かわにし》さんご夫妻《ふさい》は、自宅《じたく》のガレージを改装《かいそう》して、犬《いぬ》の車《くるま》いす屋《や》さんを立《た》ち上《あ》げました。二〇一三年《ねん》のことです。

「工房《こうぼう》スイーピー」の評判《ひょうばん》はどんどん広《ひろ》がり、二〇一七年《ねん》までの四年間《ねんかん》に、千

二輪車《にりんしゃ》、四輪車《よんりんしゃ》、大《おお》きさもさまざま。その犬《いぬ》に合《あ》ったものを作《つく》ってくれる。

五百台《だい》の車《くるま》いすを手作《てづく》りしてきました。

どんなにがんばっても、一日《いちにち》一台《だい》作《つく》るのがせいいっぱいなのですが、日本中《にほんじゅう》はもちろん、海外《かいがい》からの問《と》い合《あ》わせもあります。結果《けっか》、現在《げんざい》百頭《とう》の犬《いぬ》が車《くるま》いすを待《ま》っています。

＊品種改良《ひんしゅかいりょう》――ダックスフントは、アナグマ狩《が》りのときに、巣穴《すあな》に入《はい》りやすいように、体《からだ》の高《たか》さが低《ひく》くなるように改良《かいりょう》されました。

コーギーの足《あし》が短《みじか》くなるように改良《かいりょう》されたのは、牛《うし》などの家畜《かちく》の足《あし》をかむことで、家畜《かちく》を服従《ふくじゅう》させるためです。家畜《かちく》がけりかえしてきても、キックがとどかないように低《ひく》い体形《たいけい》に改良《かいりょう》されたのです。無理《むり》な改良《かいりょう》の結果《けっか》、ヘルニアになりやすくなったともいえます。

第《だい》2章《しょう》

車《くるま》いすの犬《いぬ》たち

川西《かわにし》さんご夫妻《ふさい》の作《つく》った車《くるま》いすを、
実際《じっさい》に使《つか》っている犬《いぬ》たちを紹介《しょうかい》します。

1

交通事故《こうつうじこ》にあった マメ

岡崎友紀《おかざきともの》さんは、両親《りょうしん》といっしょに、北海道《ほっかいどう》の有珠郡《うすぐん》というところで農業《のうぎょう》をしています。

住《す》まいは、となりの家《いえ》まで一キロはある山《やま》と畑《はたけ》にかこまれた一軒家《いっけんや》です。犬《いぬ》が七頭《とう》いるのですが、散歩《さんぽ》タイムには、広《ひろ》い敷地内《しきちない》で自由《じゆう》に走《はし》り回《まわ》っています。

七頭《とう》のうち、二頭《とう》の白《しろ》い雑種《ざっしゅ》は、どちらも出先《でさき》で保護《ほご》しました。一頭《とう》は、迷子《まいご》になっているところを、お父《とう》さんが見《み》つけました。首輪《くびわ》には、名《な》まえと住所《じゅうしょ》、メールアドレスが書《か》いてあったので、すぐにメールをしたところ、

――元気《げんき》にしてますか？

という返事《へんじ》がきました。

――あずかっています。電話番号《でんわばんごう》を教《おし》えてください。

とメールを送《おく》り返《かえ》すと、それからは、連絡《れんらく》が取《と》れなくなりました。なんど送《おく》っても同《おな》じです。犬《いぬ》を放《ほう》りだすわけにもいかないので、家《いえ》で飼《か》うことになりました。

もう一頭《とう》は、お母《かあ》さんが、出先《でさき》で保護《ほご》した犬《いぬ》です。

ある日《ひ》、車《くるま》で道路《どうろ》を走《はし》っていたところ、前《まえ》の車《くるま》が、信号《しんごう》でもないのに止《と》まったままなかなか動《うご》きだしません。どうしたのかと、おりてたしかめに行《い》くと、白《しろ》い大《おお》きな犬《いぬ》が、道《みち》の真《ま》ん中《なか》でねそべっていました。

前《まえ》の車《くるま》の人《ひと》がこまっていたので、とりあえずその犬《いぬ》を自分《じぶん》の車《くるま》にのせました。とちゅうでおろそうかと思《おも》ったのですが、犬《いぬ》がねむってしまったので、そのまま家《いえ》に連《つ》れて帰《かえ》りました。

老犬《ろうけん》ではないのですが、目《め》は白内障《はくないしょう》*のようににごっていて、耳《みみ》も遠《とお》いようです。すてられたのか、まよってしまったのかはわかりませんが、飼《か》い主《ぬし》は見《み》つかりそうにありません。家族《かぞく》に相談《そうだん》したところ、

「しかたがない、飼《か》ってやるか。」

ということになりました。

犬《いぬ》が大好《だいす》きな岡崎《おかざき》さん一家《いっか》には、ほかにダックスが三匹《びき》、チワックス（チワワとダックスの子《こ》ども）が二匹《ひき》います。ネコも七匹《ひき》いて、夜《よる》になると家《いえ》に入《はい》ってくるのが三匹《びき》、外飼《そとが》いが四匹《ひき》です。

アヒルがいたこともあります。

「ここは、広《ひろ》いからねえ。」

岡崎《おかざき》さんの家《いえ》の近《ちか》くの風景《ふうけい》。犬《いぬ》やネコたちは、のびのびとくらしている。

友紀《とものり》さんは、そう言《い》ってわらいますが、恵《めぐ》まれた環境《かんきょう》で、犬《いぬ》やネコたちは、のんびりくらしています。

「いいな、岡崎《おかざき》んちは。ぼくも犬《いぬ》が飼《か》いたいな。」

子《こ》どものころから友紀《とものり》さんは、み

＊白内障《はくないしょう》――水晶体《すいしょうたい》がにごることで視力《しりょく》が落《お》ちてしまう目《め》の病気《びょうき》です。眼球《がんきゅう》をカメラにたとえると、レンズによごれやくもりがある状《じょう》態《たい》です。

んなにうらやましがられていました。それは、おとなになってからも同《おな》じで、
ある日《ひ》、高校時代《こうこうじだい》からの友《とも》だちにこう言《い》われました。

「家族《かぞく》がお正月《しょうがつ》に集《あつ》まるので、一日《にち》だけでいいから、犬《いぬ》を貸《か》してもらえないかな。」

友《とも》だちの家《いえ》はマンションで、犬《いぬ》が飼《か》えないというのです。

「父《ちち》も姉《あね》も、犬《いぬ》が大好《だいす》きなんだ。」

そう言《い》われるとことわれません。両親《りょうしん》に相談《そうだん》し、一歳《さい》になったばかりの、チワックスのマメを貸《か》すことにしました。

二〇一四年《ねん》一月三日《がつみっか》、町中《まちなか》にある友紀《とものり》さんの友《とも》だちのマンションに、マメは「お泊《と》まり」に行《い》きました。

だれにでもなつくマメに、友《とも》だちの一家《いっか》は、「かわいい～！」と、とてもよ

ろこんでくれました。

つぎの日《ひ》の昼《ひる》すぎ、マメは散歩《さんぽ》に連《つ》れだされました。自然《しぜん》の中《なか》でのんびりすごしてきたマメは、はげしく行《い》き交《か》う車《くるま》の音《おと》にびっくりしたのか、急《きゅう》に走《はし》りだしました。

首輪《くびわ》がするりとぬけて、マメは、こともあろうに、やってきた乗用車《じょうようしゃ》にはねられて、遠《とお》くへとばされてしまったのです。

幸《さいわ》い、落《お》ちたところに雪《ゆき》が積《つ》もっていたので、即死《そくし》はまぬがれました。でも、意識《いしき》はありません。

「どうしよう……。」

友《とも》だちから、ふるえるような声《こえ》で、電話《でんわ》がかかってきました。

友紀《とものり》さんたちは、まさか小《ちい》さな室内犬《しつないけん》を、雪《ゆき》の降《ふ》るなか散歩《さんぽ》に連《つ》れだすとは思《おも》っていなかったのですが、友《とも》だち一家《いっか》は、（犬《いぬ》は散歩《さんぽ》させなくては。）という思《おも》いがあったらしく、よかれと思《おも》ってしたことです。

「とにかく連《つ》れてきてください。」

電話《でんわ》に出《で》たお父《とう》さんが、強《つよ》い口調《くちょう》で言《い》いました。心配《しんぱい》で心配《しんぱい》でならないのです。

「でも、ぼくに責任《せきにん》が……。ぼくがなんとか……。」

「できるんですか？　知《し》り合《あ》いに獣医《じゅうい》さんはいるんですか？」

「いいえ、いません……。」

「犬《いぬ》も飼《か》っていないんだよね。そんな君《きみ》になにができるんだ。すぐに連《つ》れてきなさい。」

家族《かぞく》につきそわれて車《くるま》でやってきた友人《ゆうじん》のひざで、マメは意識《いしき》がなく、ぐったりしています。鼻《はな》、耳《みみ》、口《くち》から血《ち》が流《なが》れていて、今《いま》にも死《し》にそうでした。友紀《とものり》さんはじめ、家族《かぞく》はみんな、（もうだめかな。）と思《おも》いました。

お正月《しょうがつ》なので、かかりつけの獣医《じゅうい》さんは休《やす》みです。

みてもらえる獣医《じゅうい》さんはいないか、友紀《とものり》さんは、インターネットで必死《ひっし》にさがしました。お正月《しょうがつ》は、どこも休診《きゅうしん》です。

やっとのことで、翌日《よくじつ》になれば、みてくれるという獣医《じゅうい》さんが見《み》つかりました。

（病院《びょういん》に連《つ》れていくまで、なんとか命《いのち》を守《まも》りたい。）

ひと晩中《ばんじゅう》、つきっきりで介抱《かいほう》し、スポイトで水《みず》をやりましたが、水《みず》は口《くち》から流《なが》れるだけでした。粉《こな》ミルクをといてやったのですが、それもだめでした。

が、家族《かぞく》が交代《こうたい》で見守《みまも》っていると、朝方《あさがた》、スポイトの水《みず》をこくんと飲《の》んでくれたのです。

「飲《の》んだ。飲《の》んだよ。助《たす》かるかもしれない。がんばって。」

友紀《とものり》さんは、胸《むね》がいっぱいになりました。なんとか助《たす》けてやりたい。友《とも》だちのためにも助《たす》かってほしいと、いのる思《おも》いでした。

朝《あさ》になるのを待《ま》ちかねて、友紀《とものり》さんは、マメを少《すこ》しはなれた町《まち》の獣医《じゅうい》さんに連《つ》れていきました。

背骨《せぼね》が複雑骨折《ふくざつこっせつ》していました。

「手術《しゅじゅつ》をして背中《せなか》の骨《ほね》をつなげたところで、一歳《さい》という若《わか》さではじっとしていられないだろうし、回復《かいふく》の見《み》こみはありません。」

獣医《じゅうい》さんは、冷静《れいせい》にそう言《い》いました。友紀《とものり》さんは、どうしたらいいのか判断《はんだん》できないので、マメを連《つ》れて家《いえ》に帰《かえ》りました。

夕方《ゆうがた》、仕事《しごと》を終《お》えて帰《かえ》ってきた両親《りょうしん》が、ふたたびマメを獣医《じゅうい》さんに連《つ》れていきました。

「息子《むすこ》さんにもお話《はな》ししたように、このままそっとねむらせてあげたほうがいいと思《おも》いますが……。」

安楽死《あんらくし》とははっきり言《い》わないまでも、ほのめかすような話《はな》しぶりでした。

「この子《こ》は生《い》きようとしています。それはできません。手術《しゅじゅつ》が無理《むり》ならしなくてもいいので、生《い》きる方法《ほうほう》はないのですか？」

「下半身《かはんしん》がマヒしますよ。」

「それでもいいです。命《いのち》だけは助《たす》けてやってください。」

マメは、炎症《えんしょう》をおさえる点滴《てんてき》をするため、入院《にゅういん》しました。

家族《かぞく》は順番《じゅんばん》に、病院《びょういん》にようすを見《み》にいくつもりでいたのですが、獣医《じゅうい》さんに、家族《かぞく》が来《く》るとマメがよろこんで動《うご》くので、治療《ちりょう》のさまたげになると言《い》われ、二回《かい》行《い》っただけで、しんぼうしました。

マメは、やわらかいものなら食《た》べられるようになって、四日目《よっかめ》の一月八日《がつようか》に、退院《たいいん》することができました。

「状態《じょうたい》が落《お》ち着《つ》いたら、車《くるま》いすも考《かんが》えましょう。」

と、獣医《じゅうい》さんは言《い》いました。

お父《とう》さんは、リハビリは早《はや》いほうがいいだろうと思《おも》い、車《くるま》いすを作《つく》ってくれるところがないか、インターネットで調《しら》べました。熱心《ねっしん》にさがしたのですが、どこもしっくりきません。

車《くるま》いすそのものが重《おも》かったり、サイズがL《エル》、M《エム》、S《エス》しかなかったり、ほんとうにマメにぴったりなのか、体《からだ》に負担《ふたん》がかからないのか、よくわからないのです。それに、みんな値段《ねだん》が高《たか》いのです。

ほかの犬《いぬ》たちが、いっせいに外《そと》に出《だ》してもらうとき、外《そと》に出《で》られないマメは、さみしそうでした。目《め》のかがやきがなくなっています。ためしにお母《かあ》さんが、スーパーのふくろにマメの動《うご》かない下半身《かはんしん》を入《い》れて手《て》で持《も》ち上《あ》げ、外《そと》に出《だ》してやると、ぱっと目《め》がかがやきました。

――お外《そと》に出《で》てもいいの？

とでもいうふうに、お母《かあ》さんの顔《かお》を見上《みあ》げてから、前足《まえあし》だけで走《はし》りだしました。ふくろを持《も》ち上《あ》げているお母《かあ》さんは、雪《ゆき》の積《つ》もったなか、ついていくのがたいへんでした。

仕事《しごと》の間《あいだ》に、パソコンで車《くるま》いすを調《しら》べていたお父《とう》さんは、川西《かわにし》さんの「工房《こうぼう》スイーピー」のホームページを見《み》つけました。

ホームページには、川西《かわにし》さんも愛犬《あいけん》に車《くるま》いすをと考《かんが》えたときに、あまりにも高《たか》いので、手作《てづく》りをしようと思《おも》ったと書《か》かれていて、共感《きょうかん》しました。

一月二十日《がつはつか》、お母《かあ》さんが電話《でんわ》をかけて事情《じじょう》を話《はな》したところ、とても親身《しんみ》になって、マメのようすを聞《き》いてくれました。電話《でんわ》の相手《あいて》は、元気《げんき》が売《う》りの仁美《ひろみ》さんです。

「交通事故《こうつうじこ》やったら、言《い》わはるように、車《くるま》いすはリハビリになるかもしれませんね。体《からだ》を動《うご》かすことで、食欲《しょくよく》も出《で》てくるし、なによりも生《い》き生《い》きしてきますよ。そういえば、こんな例《れい》もあります……。」

仁美《ひろみ》さんと話《はな》していると、ずっと前《まえ》からの知《し》り合《あ》いのような気《き》がしてきます。

「体形《たいけい》は？　体重《たいじゅう》は？　首《くび》からおしりまでの長《なが》さは？　胴回《どうまわ》りは？　肩幅《かたはば》は？

足《あし》の長《なが》さは？　色《いろ》は？　あ、これ、関係《かんけい》ないね。」

おかしくって、わらってしまいました。事故以来《じこいらい》、心配《しんぱい》で、重《おも》くなっていた心《こころ》が、ふっと軽《かろ》やかになりました。

（ここなら、きっと、いい車《くるま》いすを作《つく》ってくれる。）

お母《かあ》さんは、そう感《かん》じました。


二月《がつ》十二日《にち》、車《くるま》いすがとどく日《ひ》がやってきました。お父《とう》さんは、待《ま》ちきれず、宅配業者《たくはいぎょうしゃ》に電話《でんわ》をしました。

「うちあての荷物《にもつ》は何時《なんじ》ごろとどきますか？」

「今《いま》、配達中《はいたつちゅう》です。」

北海道《ほっかいどう》は広《ひろ》いです。のんびり待《ま》ってなんかいられません。

「トラックは、どのへんにいますか？　教《おし》えてください、受《う》け取《と》りに向《む》かいます。」

少《すこ》しでも早《はや》く、マメをよろこばせてやりたい、そんな思《おも》いで、四キロ先《さき》にいるトラックに追《お》いつきました。

いそいで家《いえ》に帰《かえ》り、車《くるま》いすに足《あし》をのせてやったとたん、マメは、いきおいよく走《はし》りだしました。

とてもうれしそうです。ほかの犬《いぬ》といっしょに、雪《ゆき》をけちらし、追《お》っかけ合《あ》っています。交通事故《こうつうじこ》にあう前《まえ》と同《おな》じです。こんなにうれしそうなマメの顔《かお》を見《み》るのは、ひさしぶりです。

「よかったなあ、マメ。」

でも、走《はし》っているうちに、スピードが落《お》ちてきます。うしろ足《あし》をのせる台《だい》に雪《ゆき》がたまるからです。

（これをなんとかしてやりたい。）

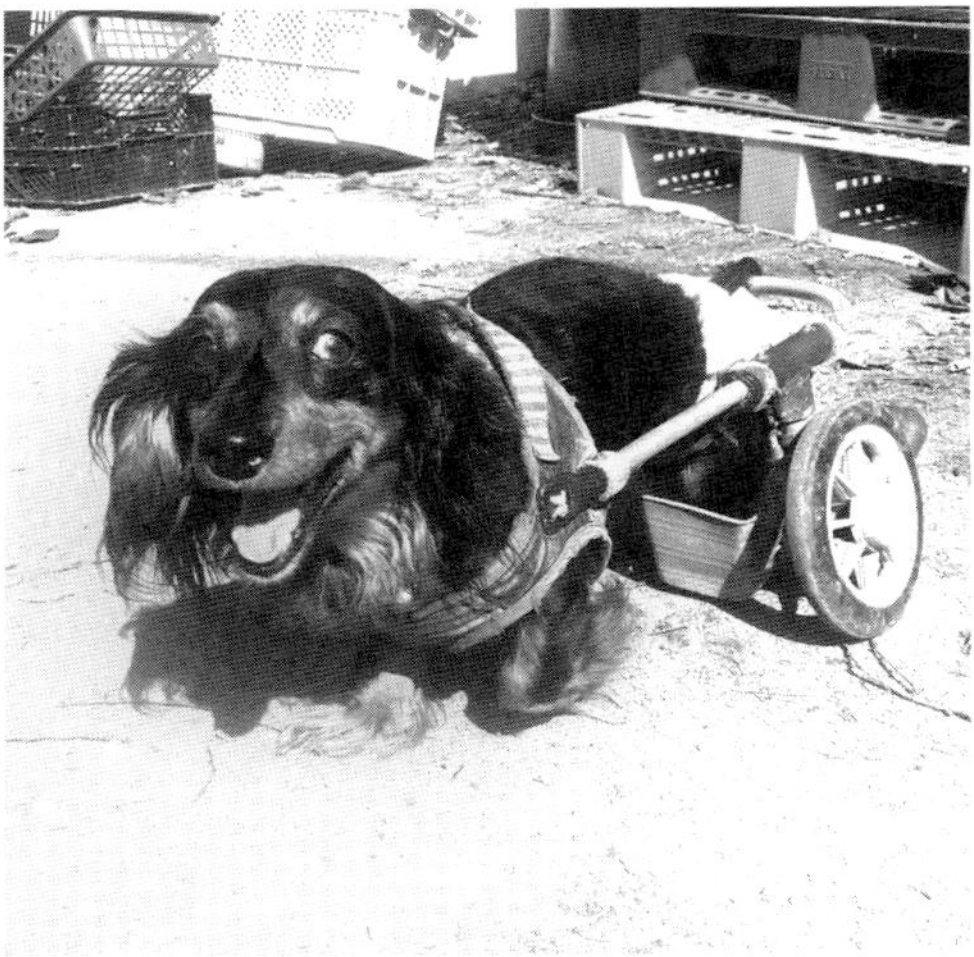

ほかの犬《いぬ》たちと遊《あそ》ぶのが大好《だいす》きなマメ。

工夫《くふう》のおかげで、雪《ゆき》の中《なか》でもかけ回《まわ》ることができる。

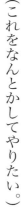

そこで、お父《とう》さんは、百円《ひゃくえん》ショップに行《い》って、鉛筆立《えんぴつた》てをふたつ買《か》ってきて、足《あし》をのせる台《だい》をはずし、鉛筆立《えんぴつた》てを取《と》りつけてやりました。そこに片足《かたあし》ずつうしろ足《あし》を入《い》れるのです。これなら雪《ゆき》は積《つ》もりません。

雪《ゆき》の多《おお》い北海道《ほっかいどう》ならではの対処《たいしょ》でした。

雪《ゆき》のない季節《きせつ》、犬《いぬ》たちは、友紀《とものり》さんが投《な》げたボールをうれしそうに追《お》いかけます。友紀《とものり》さんのおいっこ（結婚《けっこん》したお姉《ねえ》さんの子《こ》ども）が遊《あそ》びに来《き》ているときは、みんなでサッカーをします。マメもほかの犬《いぬ》たちに負《ま》けていません。車《くるま》いすにのってボールを追《お》っかけます。

庭《にわ》は砂利《じゃり》がしいてあり、でこぼこしています。そんなところを車《くるま》いすで走《はし》り回《まわ》ることがマメのリハビリになったのか、少《すこ》しずつ症状《しょうじょう》がよくなっています。

たとえば、まったく動《うご》かなかったしっぽを曲《ま》げることができるようになったり、おしめも、よごれると自分《じぶん》ではずしてしまうようになったのは、気持《きも》ち悪《わる》いと感《かん》じるようになったからでしょう。

車《くるま》いすのタイヤがへったり、部品《ぶひん》がこわれたりすると、川西《かわにし》さんに電話《でんわ》をします。すると、すぐに、ぴったりの部品《ぶひん》を作《つく》って、送《おく》ってくれます。

マメを交通事故《こうつうじこ》にあわせてしまった友紀《とものり》さんの友《とも》だちは、一年《ねん》に何回《なんかい》か、帰省《きせい》したときに、おむつやトイレシート、フードを持《も》って、マメに会《あ》いに来《き》ます。

「ごめんね、マメ。」

と言《い》いながら、車《くるま》いすにのって走《はし》るマメのすがたを、（よかった。）という思《おも》いで、じっと見《み》つめています。

そんな友《とも》だちの笑顔《えがお》を見《み》て、友紀《とものり》さんも、（ほんとうによかった。）と思《おも》うのです。

2

マルル、二《に》輪《りん》車《しゃ》から四《よん》輪《りん》車《しゃ》へ

マルルは、二〇〇三年生《ねんう》まれのコーギーのメスです。ボール遊《あそ》びが大好《だいす》きで、泳《およ》ぎも得意《とくい》です。夏《なつ》は海《うみ》や川《かわ》で泳《およ》いだり、冬《ふゆ》になるとスキー、春《はる》や秋《あき》にはゴルフなど、飼《か》い主《ぬし》の作原《さくはら》さん（兵庫県在住《ひょうごけんざいじゅう》）と、どこに行《い》くのもいっしょです。

そんなマルルでしたが、十二歳《さい》をすぎたころから、右《みぎ》うしろ足《あし》を引《ひ》きずって歩《ある》くようになりました。コーギーには、独特《どくとく》の変性性脊髄症《へんせいせいせきずいしょう》という病気《びょうき》がおこりやすいため、その前《まえ》ぶれかもしれないと、作原《さくはら》さんは思《おも》いました。引《ひ》きずっている右足《みぎあし》のつめがわれないように、赤《あか》いラバーシューズをはかせました。そのころは、まだ自力《じりき》で、ひょこひょこと歩《ある》いていました。

マルルは外《そと》でないとトイレをしないので、作原《さくはら》さんが腰《こし》をささえるようにし

ボール遊《あそ》びが大好《だいす》きなマルル。車《くるま》いすを使《つか》っていなかったころ。

て散歩《さんぽ》させていましたが、だんだん、思《おも》うように歩《ある》いてくれなくなってきました。

右《みぎ》うしろ足《あし》だけではなく、左《ひだり》うしろ足《あし》にも、症状《しょうじょう》があらわれたのです。こうなると、作原《さくはら》さんがささえながら散歩《さんぽ》させるのは無理《むり》になりました。

そこで、車《くるま》いすを注文《ちゅうもん》するために、川西《かわにし》さんの「工房《こうぼう》スイーピー」にマルルを連《つ》れていくことにしました。

いろいろ話《はな》し合《あ》った結果《けっか》、力《ちから》が入《はい》

らなくなったうしろ足《あし》をささえるために、二輪《にりん》の車《くるま》いすを作《つく》ってもらうことになりました。

一か月《げつ》ほどして、車《くるま》いすができあがりました。マルルを車《くるま》いすにのせると、マルルは、すぐに走《はし》りだしました。二〇一六年《ねん》の四月《がつ》のことです。

それからは、毎日車《まいにちくるま》いすにのって、雨《あめ》の日《ひ》も、風《かぜ》の日《ひ》も散歩《さんぽ》に出《で》かけ、トイレもしました。同《おな》じマンションの小《ちい》さな男《おとこ》の子《こ》は、車《くるま》いすすがたのマルルを見《み》て、

「マルちゃんの自転車《じてんしゃ》、かっこいいね。」

と言《い》いました。マンションの子《こ》どもたちとマルルは友《とも》だちです。というか、マルルは、みんなが生《う》まれる前《まえ》からマンションに住《す》んでいる大先輩《だいせんぱい》なのです。

子《こ》どもたちは、学校《がっこう》に行《い》くときに、散歩中《さんぽちゅう》のマルルに声《こえ》をかけてくれます。

人《ひと》なつっこいマルルは、子《こ》どもたちの人気者《にんきもの》。

坂《さか》になっていると押《お》してくれる子《こ》も。

しゃがんで、なでていく子《こ》もいます。

マルルは、ごきげんでした。

ところが秋《あき》になると、うしろ足《あし》だけではなく、右前足《みぎまえあし》にも症状《しょうじょう》があらわれました。そして、まもなく、左前足《ひだりまえあし》にも力《ちから》が入《はい》らなくなり、散歩《さんぽ》のとちゅうで、へたりこむようになりました。

二〇一七年《ねん》になってすぐに、作原《さくはら》さんは川西《かわにし》さんに相談《そうだん》して、新《あたら》しく四輪車《よんりんしゃ》を作《つく》ってもらいました。これなら体全体《からだぜんたい》をささえることができ、リードをつけて引《ひ》っぱると、ゆっくりですが、自力《じりき》で歩《ある》くことができました。

が、そのうちに、それも無理《むり》になりました。

また川西《かわにし》さんに相談《そうだん》して、アルミで首《くび》のせ台《だい》を作《つく》ってもらうことになりました。

首《くび》をささえると、前足《まえあし》の負担《ふたん》が軽《かる》くなって、マルルは、また自力《じりき》で散歩《さんぽ》できるようになりました。マルルのそんな様子《ようす》を見《み》て、

「マルルちゃん、がんばれ。」

と、マンションのスロープでマルルをおしてくれる子《こ》どももいます。

二〇一八年《ねん》をむかえると、もう、自力《じりき》で歩《ある》くことができな

首《くび》をささえる台《だい》をつけて、前足《まえあし》の負担《ふたん》を軽《かる》くした。

四輪《りん》の車《くるま》いすは、ゆっくり引《ひ》いてもらっていた。

くなりました。手《て》おし車《ぐるま》にのせてもらって散歩《さんぽ》に出《で》かけ、車《くるま》いすにのりかえて、トイレをしていました。


マルルを見《み》つけると、子《こ》どもたちがかけよってきます。

「マルちゃん、おはよう。シャンプーしたん？　いいにおいがする。」

「毛《け》がふわふわや。耳《みみ》、すべすべで気持《きも》ちがいい。」

「今日《きょう》、運動会《うんどうかい》やねん。マルちゃんのために一等取《とうと》るな。」

マルルはそんなみんなを、やさしく見《み》つめています。

マルルは、九月《がつ》で十五歳《さい》になるのですが、食欲《しょくよく》もあり、耳《みみ》も聞《き》こえ、目《め》もよく見《み》えます。

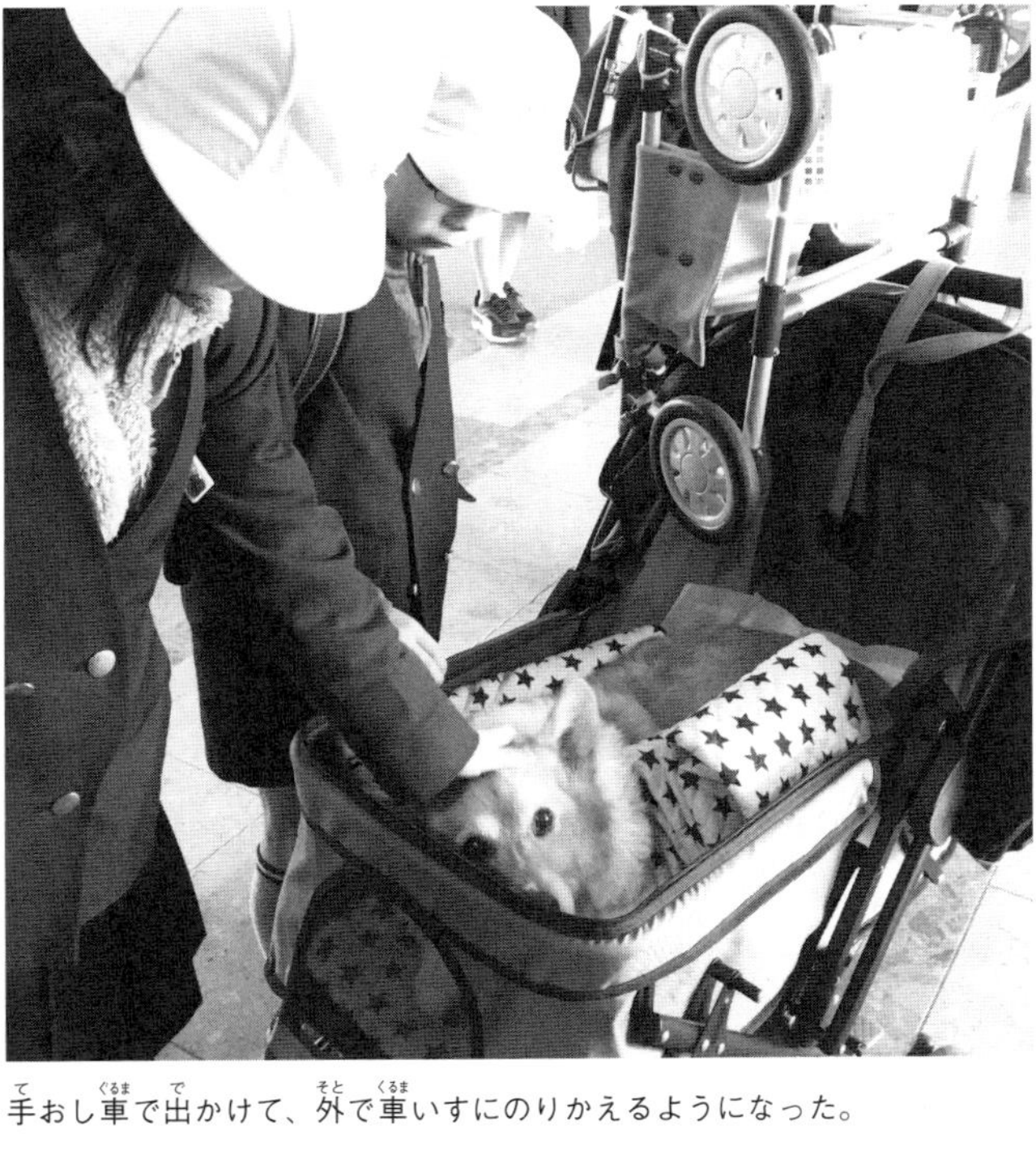

手《て》おし車《ぐるま》で出《で》かけて、外《そと》で車《くるま》いすにのりかえるようになった。

車《くるま》いすで、外《そと》に出《で》ているおかげだと作原《さくはら》さんがうれしく思《おも》っていた矢先《やさき》の三月《がつ》、急《きゅう》にマルルの食欲《しょくよく》が落《お》ちました。病院《びょういん》の先生《せんせい》に相談《そうだん》したら、

「食《た》べないと体力《たいりょく》が落《お》ちるので、食《た》べられるものを食《た》べさせてやってください。」

と言《い》われました。

「食《た》べなあかんよ。」

作原《さくはら》さんは、えさをすりつぶして食《た》べやすくしてやりました。

その日《ひ》は、三月《がつ》の日曜日《にちようび》でした。

ねる前《まえ》の散歩《さんぽ》で、おしっこが出《で》ませんでした。

翌朝《よくあさ》になるのを待《ま》って、マルルを病院《びょういん》に連《つ》れていくと、いつもなら三十七度《ど》

近《ちか》くある体温《たいおん》が三十四度《ど》しかありませんでした。

「これからは、毎日点滴《まいにちてんてき》に通《かよ》ってください。」

先生《せんせい》にそう言《い》われて、そのつもりでいました。が、体温《たいおん》を計《はか》ると、三十三度《ど》四分《ぶ》にまで下《さ》がったので、作原《さくはら》さんは、北海道《ほっかいどう》に単身赴任中《たんしんふにんちゅう》のご主人《しゅじん》に電話《でんわ》をしました。

ご主人《しゅじん》は、「すぐに帰《かえ》る。」と言《い》いました。

「マル、こーくん（ご主人《しゅじん》のこと）、帰《かえ》ってくるよ。」

そう言《い》うと、マルルは口角《こうかく》を上《あ》げました。まるで、にっこりわらっているようでした。

作原《さくはら》さんは仕事《しごと》を休《やす》んで、ずっとマルルをだいていました。

砂糖水《さとうみず》を作《つく》り、シリンジ（針《はり》のない注射器《ちゅうしゃき》）に入《い》れて飲《の》ませました。マルルは、つぶらなひとみで作原《さくはら》さんを見《み》つめ、（ありがとう。）と言《い》っているようでした。

そして、まもなく、息《いき》を引《ひ》き取《と》りました。

ご主人《しゅじん》は、まにあいませんでしたが、一週間《しゅうかん》、こちらにいることにしたので、ふたりで、「工房《こうぼう》スイーピー」にお礼《れい》に行《い》きました。

「車《くるま》いすのおかげで、マルルは、ずっと散歩《さんぽ》を続《つづ》けることができました。楽《たの》しそうでした。」

仁美《ひろみ》さんは、ほほえみながら、

「マルちゃん、作原《さくはら》さんの家族《かぞく》でいられて、しあわせだったと思《おも》いますよ。なあ、あんた。」

と、英治《えいじ》さんを見《み》ました。
英治《えいじ》さんは、なんどもうなずきました。

仁美《ひろみ》さんからプレゼントされた写真《しゃしん》

マルルが天国《てんごく》に行《い》ったことをお母《かあ》さんから聞《き》いた子《こ》どもたちが、ひまわりの花《はな》を持《も》って、たずねてきてくれました。マルルといちばん長《なが》いお付《つ》き合《あ》いだった中学生《ちゅうがくせい》の男《おとこ》の子《こ》は、なみだが止《と》まらなくなって、ずっと泣《な》いていました。

二年前《ねんまえ》、マルルの車《くるま》いすを、「かっこいい自転車《じてんしゃ》。」と言《い》ってくれた男《おとこ》の子《こ》は、小二《しょう》に

なっていました。しばらくかたまっていましたが、ぽつんと、

「マルちゃん、生《う》まれかわるん？」

とつぶやきました。このひとことで、落《お》ちこんでいた作原《さくはら》さんの心《こころ》は、パッと明《あか》るくなりました。

3

思《おも》いがけない お客《きゃく》さまアルタ

ある日《ひ》、「工房《こうぼう》スイーピー」に、こんな電話《でんわ》がかかってきました。

「少《すこ》し大《おお》きいんですが、車《くるま》いす作《つく》ってもらえますか？」

「犬種《けんしゅ》はなんですか？」

「ヤギです。」

「ヤギって、メエ〜って鳴《な》く、あのヤギですか？」

「そうです。」

仁美《ひろみ》さんはおどろきながら、（あんた、できる？）と、英治《えいじ》さんの顔《かお》を見《み》ました。

英治《えいじ》さんは、（もちろん。）と言《い》うふうに、うなずいています。

「連《つ》れてこられますか？」

「行《い》きます。」

「お待《ま》ちしています。」

日《ひ》にちをやくそくして、電話《でんわ》を切《き》ってから、仁美《ひろみ》さんは英治《えいじ》さんにたしかめました。

「あんた、ほんまに作《つく》れるん？」

「ヤギって、ハイジに出《で》てくるあのヤギやろ？」

「そやけど。」

「ほな、だいじょうぶや。」

英治《えいじ》さんは、すました顔《かお》で言《い》いました。


ヤギに車《くるま》いすを作《つく》ってもらおうと思《おも》ったのは、京都府《きょうとふ》の綾部市《あやべし》に住《す》んでいる田中《たなか》さんです。田中《たなか》さんは、もともと京都《きょうと》の町中《まちなか》に住《す》んでいたのですが、いなかぐらしがしたいと思《おも》い、ご主人《しゅじん》といっしょに田《た》んぼや畑《はたけ》がたくさん残《のこ》っている綾部市《あやべし》に引《ひ》っこしてきました。

古《ふる》い民家《みんか》に住《す》んで、あこがれのいなかぐらしが始《はじ》まりました。家《いえ》の裏《うら》で畑《はたけ》を作《つく》ることにしたのですが、刈《か》っても、刈《か》っても、雑草《ざっそう》がどんどん生《は》えてきます。最初《さいしょ》は、かまで刈《か》っていたのですが、刃《は》が当《あ》たって、カエルややヤモリやカマキリなどの生《い》き物《もの》を傷《きず》つけてしまいます。小《ちい》さいときから、虫《むし》が大好《だいす》きな田中《たなか》さんは、それに胸《むね》を痛《いた》めて、ヤギを飼《か》おうと思《おも》いつきました。ヤギに雑草《ざっそう》を食《た》べてもらうのです。

二〇一四年《ねん》、近《ちか》くのヤギ牧場《ぼくじょう》で、オスヤギを二頭《とう》わけてもらいました。日本《にほん》ザーネン種《しゅ》の白《しろ》いヤギとアルペン種《しゅ》のミルクココア色《いろ》のヤギです。

二頭《とう》は、ぜんそくの原因《げんいん》といわれたこともあるセイタカアワダチソウも小《ちい》さ

赤《あか》ちゃんのころのアルタと母《はは》ヤギ。

な芽《め》のうちに、そして落《お》ち葉《ば》もむしゃむしゃ食《た》べてくれるので、たいへん助《たす》かりました。

ところが、思《おも》いがけないことがおこりました。ヤギが赤《あか》ちゃんを産《う》んだのです。

「二頭《とう》とも、オスをお願《ねが》いします。」

とたのんだはずなのに、白《しろ》いヤギは、メスだったのです。とまどったものの、それはそれはかわいい赤《あか》ちゃんでした。

生《う》まれたときは三キロだった赤《あか》ちゃんヤギのアルタは、すくすくと育《そだ》ちました。

ところが、またまた思《おも》いがけないことがおこりました。アルタが生後《せいご》四か月《げつ》のときに、腰《よう》マヒの症状《しょうじょう》が出《で》たのです。

腰《よう》マヒというのは、蚊《か》が原因《げんいん》で、ヤギやヒツジ、馬《うま》などのひづめのある家畜《かちく》がかかる病気《びょうき》で、腰《こし》やうしろ足《あし》がマヒして、立《た》てなくなるのです。そうならないように、予防注射《よぼうちゅうしゃ》をお願《ねが》いしたのに、家畜専門《かちくせんもん》の獣医師《じゅういし》は、体《からだ》にふきつけた散布剤《さんぷざい》でじゅうぶんだと言《い》って、注射《ちゅうしゃ》をしてくれませんでした。野外《やがい》で飼《か》っているので、体《からだ》にふきつける薬《くすり》は、雨《あめ》がかかって流《なが》れてしまって、きかなかったのでしょう。

（あれほど注射《ちゅうしゃ》にして、とお願《ねが》いしたのに……。）

と、くやんでも、しかたがありません。

アルタがよろめいて、すぐに転《ころ》ぶようになると、なんと父《ちち》ヤギと母《はは》ヤギが頭《あたま》でつついたり、たおしたりし始《はじ》めました。頭《ず》つきはヤギの習性《しゅうせい》で、自分《じぶん》の強《つよ》さをしめすためです。

アルタを親《おや》ヤギの攻撃《こうげき》から守《まも》るために、玄関《げんかん》の土間《どま》に入《い》れました。診察《しんさつ》に来《き》てもらったのは、犬《いぬ》やネコなどのペットを診《み》る獣医《じゅうい》さんです。

「歩《ある》かせないと筋力《きんりょく》がおとろえ、ねたきりになります。そうなると食欲《しょくよく》がなくなり、気力《きりょく》が弱《よわ》って、早《はや》く死《し》んでしまいますよ。」

と言《い》われました。おどろいた田中《たなか》さんは、そんなことにならないようにと、大《おお》型犬用《がたけんよう》のフルボディハーネスをネットで注文《ちゅうもん》しました。犬《いぬ》の歩行介助《ほこうかいじょ》に使《つか》うハーネスです。これをアルタにつけて、田中《たなか》さんが、肩《かた》にかけ、持《も》ち上《あ》げて、散歩《さんぽ》させるのです。

そのころのアルタの体重《たいじゅう》は三十五キロあり、小柄《こがら》な田中《たなか》さんがかつぎ上《あ》げるには、重《おも》すぎました。毎日続《まいにちつづ》けているうちに、腰《こし》が痛《いた》くなりました。天井《てんじょう》からつるしてみたりもしましたが、立《た》たせることはできても、歩《ある》かせることはできません。歩《ある》かせるためのいい方法《ほうほう》がないかとネット検索《けんさく》していたら、「工房《こうぼう》スイーピー」に出合《であ》ったのです。

田中《たなか》さんは電話《でんわ》をかけたあと、アルタを川西《かわにし》さんのところへ連《つ》れていくことにしました。

アルタは、試乗車《しじょうしゃ》にのったとたん、前《まえ》のめりに突進《とっしん》しました。工房《こうぼう》の近所《きんじょ》の植木鉢《うえきばち》を、なぎたおしながら突進《とっしん》します。

ひと月《つき》ぶりに見《み》るアルタの動《うご》くすがたでした。もう一生歩《いっしょうある》けないのかもと、あきらめていただけに、田中《たなか》さんは、うれしくてなりませんでした。

(アルタは、やっぱり歩《ある》きたかったんだ。)

と、胸《むね》がいっぱいになりました。

川西《かわにし》さんご夫妻《ふさい》は、アルタの重《おも》い体重《たいじゅう》のことを考《かんが》えて、体《からだ》を胸《むね》でささえる車《くるま》いすを工夫《くふう》すると、やくそくしてくれました。

田中《たなか》さんは、車《くるま》いすがとどくまでの二週間《しゅうかん》が、待《ま》ち遠《どお》しくてなりませんでした。

車《くるま》いすがとどきました。

さっそくのせて外《そと》に出《だ》すと、アルタは、一目散《いちもくさん》にしげみに行《い》き、うれしそうに草《くさ》を食《た》べ始《はじ》めました。

車《くるま》いすがガードしているので、父《ちち》ヤギも母《はは》ヤギも、頭《ず》つきをしなくなりました。よかったね、アルタ。

自由《じゆう》に移動《いどう》し、ヤブハギを食《た》べるアルタ。

車《くるま》いすで歩《ある》けるようになったおかげで、攻撃《こうげき》されなくなった。

4

脳《のう》こうそくのベル

大阪府《おおさかふ》に住《す》んでいる泉本《いずもと》さんが、愛犬《あいけん》ベルをだいて、車《くるま》いすを作《つく》りに来《き》たのは、二〇一七年《ねん》の十月《がつ》のことです。

その十八年前《ねんまえ》のことです。泉本《いずもと》さんは、友人《ゆうじん》が飼《か》えなくなった犬《いぬ》を引《ひ》き取《と》りました。パピヨンのシェリーです。当時《とうじ》、泉本《いずもと》さんご夫妻《ふさい》はふたりとも働《はたら》いていたので、シェリーを一匹《ぴき》で留守番《るすばん》させるのは、さびしいだろうと思《おも》い、もう一匹《ぴき》パピヨンを飼《か》うことにしました。それがベルです。

ベルは十五歳《さい》になったころから、病気《びょうき》がちになったものの、定期的《ていきてき》に獣医《じゅうい》さんに点滴《てんてき》をしてもらって、元気《げんき》にしていました。

十七歳《さい》の九月《がつ》、ベルは脳《のう》こうそく*でたおれて、左前足《ひだりまえあし》が動《うご》かなくなりました。

(ねたきりになっては、かわいそう。)

そう思《おも》った泉本《いずもと》さんが、「工房《こうぼう》スイーピー」に連《つ》れていったのは、体《からだ》を動《うご》かすとリハビリになるかもしれないと思《おも》ったからです。

試乗車《しじょうしゃ》にのせると、なんと、ベルは歩《ある》きだしました。

＊脳《のう》こうそく――脳《のう》の動脈《どうみゃく》がつまってしまい、その先《さき》に酸素《さんそ》がとどかず、脳《のう》の細胞《さいぼう》が死《し》んでしまう病気《びょうき》。歩《ある》けなくなったり、上手《じょうず》に食《た》べられなくなったり、さまざまな症状《しょうじょう》があらわれます。

元気《げんき》なころのベル。

泉本《いずもと》さんご夫妻《ふさい》は、

「ベルは、もう歩《ある》けないかもしれない。」

と思《おも》っていたので、感動《かんどう》しています。

「すごい、すごい、ベル、すごいぞ。」

「ベルが歩《ある》いてる。夢《ゆめ》のようです。ベル……。」

ただ、動《うご》くのは右前足《みぎまえあし》だけなので、右《みぎ》にくるくる回《まわ》ります。

「右《みぎ》に、楽《らく》に回《まわ》りやすいようにしたほうがええな。」

英治《えいじ》さんは、高齢《こうれい》のベルに負担《ふたん》がかからないように工夫《くふう》しようと思《おも》いました。

「あんた、早《は》よ、作《つく》ってあげてや。」

「まかしとき。」

ベルを思《おも》う飼《か》い主《ぬし》さんのために、少《すこ》しでも早《はや》く作《つく》ってあげたいと思《おも》いました。かといって、先《さき》に予約《よやく》の入《はい》っている車《くるま》いすをおくらせるわけにはいきません。深夜《しんや》に、ベルの車《くるま》いすに取《と》り組《く》みました。

ベルが右回《みぎまわ》りで歩《ある》きやすいように、タイヤにかたむきをつけました。

一週間後《しゅうかんご》に、ベルのためだけの車《くるま》いすができあがりました。飼《か》い主《ぬし》さんもよろこんでくれるはずです。

雨《あめ》の降《ふ》る朝《あさ》、泉本《いずもと》さんご夫妻《ふさい》が、やってきました。

「よかった。めちゃいいですね。」

「軽《かる》いわあ。」

ご夫妻《ふさい》は、車《くるま》いすを手《て》に取《と》りながら、よろこんでいます。が、ベルのすがたがありません。

「じつは、これ……。」

と、ご主人《しゅじん》がバッグから取《と》りだしたものは、ベルの骨箱《こつばこ》でした。

仁美《ひろみ》さんは、それを見《み》たとたん「あ。」と言《い》って、かたまってしまいました。

「まさか……。」

「はい……。あれからまもなく、ベルの容態《ようだい》が急変《きゅうへん》して、死《し》んでしまったんです。」

泉本《いずもと》さんは、ベルの骨箱《こつばこ》を車《くるま》いすにのせました。

「こういう感《かん》じで置《お》いておこうと思《おも》います。天国《てんごく》でのってくれるといいなと思《おも》って。」

それで泉本《いずもと》さんは、ベルが死《し》んでも、車《くるま》いすをキャンセルしなかったのです。

仁美《ひろみ》さんは、

「のせてあげたかったなあ。」

と、泣《な》きだしました。

「もうちょっと、早《はや》くここに来《き》たらよかった。」

と泉本《いずもと》さんが言《い》えば、仁美《ひろみ》さんは、

「もう少《すこ》し早《はや》く作《つく》ることができたら、よかったのに。なあ、あんた。」

と、なみだ声《ごえ》で言《い》いました。英《えい》治《じ》さんもうなずいています。

泉本《いずもと》さんが、言《い》いました。

「でも、車《くるま》いすにのったときに、ベル、うれしそうでした。最後《さいご》に歩《ある》かせてやることができてよかったです。」

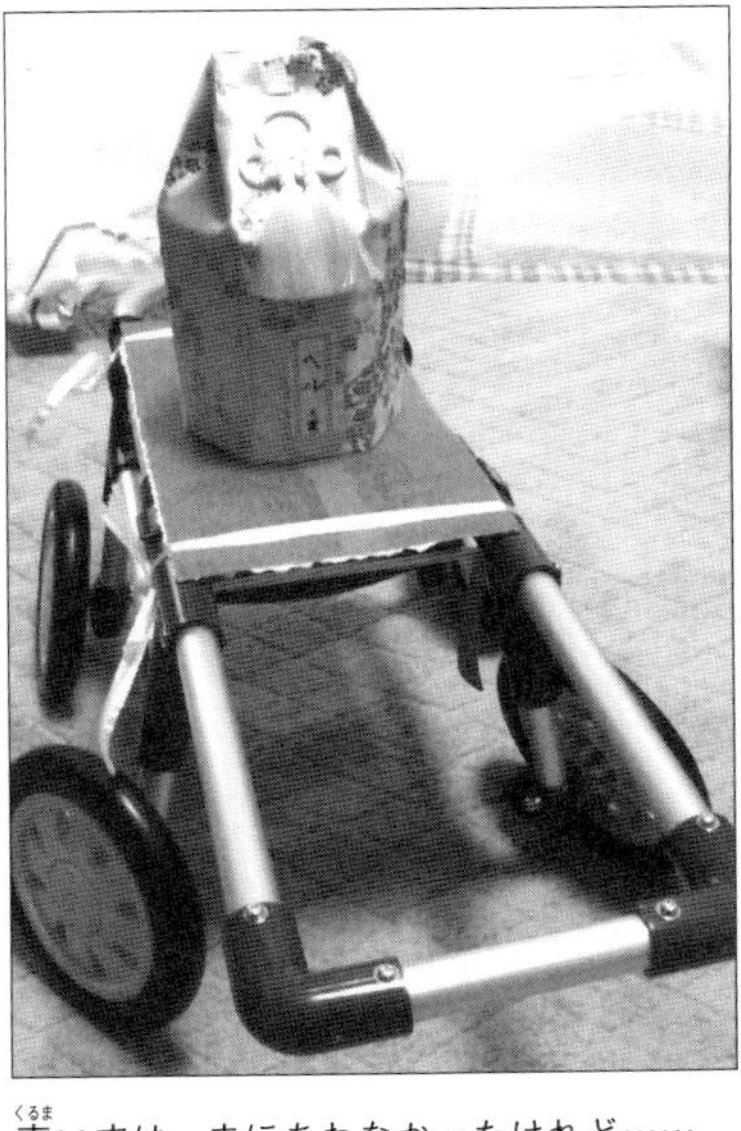

車《くるま》いすは、まにあわなかったけれど……。

こんなつらいケースが、ときどきあります。でも、毎日《まいにち》のように送《おく》られてくるメールのほとんどは、

――おかげで、楽《たの》しく散歩《さんぽ》しています。

――よく食《た》べるようになりました。

――わたしの心《こころ》の負担《ふたん》が、軽《かる》くなりました。

――リハビリ、がんばっています。今日《きょう》の、うちの子《こ》の写真《しゃしん》です。

など、車《くるま》いすが役《やく》に立《た》っているという感謝《かんしゃ》のことばであふれています。

「もっと、がんばらなあかんな。」

「そやな。」

川西《かわにし》さんご夫妻《ふさい》は、たくさんのよろこびの声《こえ》をはげみに、がんばっています。

5

保護犬《ほごけん》のシンディー

大阪府在住《おおさかふざいじゅう》の金本《かねもと》さんは、仕事《しごと》をいくつもこなすかたわら、犬《いぬ》の保護活動《ほごかつどう》をしています。ご主人《しゅじん》はサラリーマン、息子《むすこ》さんは高校生《こうこうせい》です。いっしょに保護活動《ほごかつどう》をしている仲間《なかま》が何人《なんにん》もいるのですが、そのリーダーとして、みんなをまとめています。保護《ほご》しなければならない犬《いぬ》が見《み》つかれば、いっせいに活動《かつどう》し、一時的《いちじてき》にそれぞれの家庭《かてい》で保護《ほご》します。そのあと、里親《さとおや》をさがすのです。

保護《ほご》する犬《いぬ》は、すて犬《いぬ》やまよい犬《いぬ》、家庭《かてい》の事情《じじょう》で飼《か》えなくなった犬《いぬ》が主《おも》ですが、犬《いぬ》のブリーダー*がつぶれてしまって、残《のこ》された犬《いぬ》を保護《ほご》するケースもあります。

二〇一五年《ねん》の十一月《がつ》のことです。広島県《ひろしまけん》のあるブリーダーが、にげてしまい、たくさんの犬《いぬ》が保護《ほご》されました。その中《なか》の一頭《とう》の白《しろ》いボルゾイは立《た》ちすがたも美《うつく》しく、広《ひろ》い庭《にわ》のある家《いえ》にすんなり引《ひ》き取《と》られました。しあわせになるかと思《おも》ったのですが、ジャンプをしたさいに、脊椎《せきつい》を痛《いた》めてしまったらしく、その後《ご》は、庭《にわ》の犬小屋《いぬごや》に入《い》れられたままだという連絡《れんらく》が、金本《かねもと》さんに入《はい》りました。

「かわいそうなんです。助《たす》けてやって。」

とたのまれたとき、金本《かねもと》さんは数日後《すうじつご》に、フレンチブルドッグの保護犬《ほごけん》を、広《ひろ》島《しま》の里親《さとおや》さんにとどけに行《い》くところでした。ついでということもあって、ボル

＊犬《いぬ》のブリーダー――ペットショップなどで売《う》るために、血統書《けっとうしょ》つきのペットの繁殖《はんしょく》などを手《て》がけている人《ひと》や組織《そしき》。

ゾイのようすを見《み》に行《い》くことにしました。

シンディーという名《な》まえのボルゾイは、うしろ足《あし》をふんばることができません。足《あし》を引《ひ》きずりながら、自力《じりき》で水《みず》を飲《の》みに行《い》っていました。飼《か》い主《ぬし》さんは、シンディーをかばうと、リハビリにならないと思《おも》っているようです。あつかい方《かた》がわからず、こまっているようすでした。

シンディーは女《おんな》の子《こ》ですが、正確《せいかく》な年齢《ねんれい》はわかりません（推定《すいてい》六〜八歳《さい》）。食欲《しょくよく》もあるし、元気《げんき》です。

金本《かねもと》さんの家《いえ》には、すでに何頭《なんとう》もの保護犬《ほごけん》がいましたが、このままでは、飼《か》い主《ぬし》さんもつらいし、なによりもシンディーがかわいそうだと思《おも》い、引《ひ》き取《と》ることにしました。

連《つ》れて帰《かえ》って、こまったことはトイレです。ボルゾイ犬《けん》は、背《せ》が高《たか》く、足《あし》が長《なが》いので、脊椎《せきつい》を痛《いた》めているシンディーの体《からだ》をまっすぐかかえて、トイレに連《つ》れだすのが、ひと苦労《くろう》でした。金本《かねもと》さんが腰痛《ようつう》をおこしてしまいそうです。

そんなとき、保護犬仲間《ほごけんなかま》が、犬《いぬ》の車《くるま》いすのことを教《おし》えてくれました。

(車《くるま》いすがあれば、リハビリにもなる。)

金本《かねもと》さんは、「工房《こうぼう》スイーピー」に、電話《でんわ》をかけました。

シンディーの大《おお》きさや、体《からだ》の状態《じょうたい》を聞《き》いていた仁美《ひろみ》さんは、

(もしかしたら、あの車《くるま》いすが、合《あ》うかも……。)

と思《おも》い、

「すぐに来《き》てください。」

と言《い》いました。

あの車《くるま》いすというのは、同《おな》じ体《からだ》つきの犬《いぬ》が使《つか》っていて不要《ふよう》になったのを買《か》い取《と》ったもので、それが使《つか》えるのではと思《おも》ったのです。川西《かわにし》さんご夫妻《ふさい》は古道具店《ふるどうぐてん》をしていたので、使《つか》わなくなったものを買《か》い取《と》って改良《かいりょう》して、また売《う》ることができる資格《しかく》をもっているのです。もし体《からだ》に合《あ》えば、格安《かくやす》でわたせるので、よろこんでもらえます。

その車《くるま》いすは、シンディーにぴったりでした。シンディーは車《くるま》いすにのったとたん、歩《ある》き回《まわ》り、とてもうれしそうでした。

金本《かねもと》さんも、車《くるま》いすのおかげで、トイレ散歩《さんぽ》が楽《らく》になり、大助《おおだす》かりです。車《くるま》いすがあれば、シンディーの世話《せわ》はだれにでもできると思《おも》った金本《かねもと》さん

おだやかだったシンディー。

は、シンディーの新《あたら》しい飼《か》い主《ぬし》をさがすことにしました。

車《くるま》いすのシンディーは、前《まえ》にも、保護犬《ほごけん》を引《ひ》き取《と》ってくれたことがある一家《いっか》にもらわれていきました。

ところが、もらわれてすぐに、シンディーの乳腺《にゅうせん》にしこりがあることがわかりました。不妊手術《ふにんしゅじゅつ》をするついでに、細胞《さいぼう》を取《と》って、しこりが良性《りょうせい》か悪性《あくせい》か病理検査《びょうりけんさ》に出《だ》すことになったのですが、その結果《けっか》は、良性《りょうせい》か悪性《あくせい》か、五分五分《ごぶごぶ》ということでした。

シンディーをもらってくれた一家《いっか》は、前《まえ》の保護犬《ほごけん》をもらってすぐに、乳《にゅう》がんで亡《な》くしていたので、今度《こんど》も同《おな》じことになるとたえられないと言《い》って、シンディーを返《かえ》してきました。

すがたが美《うつく》しく、おだやかな犬《いぬ》なので、「里親《さとおや》になりましょう。」と言《い》ってくれる人《ひと》はいるのですが、病気《びょうき》のことを言《い》うと、だれもが、なかなかイエスとは言《い》えないようでした。

そういうわけで、シンディーは、ほかの保護犬《ほごけん》といっしょに金本《かねもと》さんの家《いえ》にいたのですが、三か月後《げつご》、夜中《よなか》に胃捻転《いねんてん》をおこしました。

金本《かねもと》さんは、ご主人《しゅじん》の運転《うんてん》する車《くるま》で、いそいで知《し》り合《あ》いの動物病院《どうぶつびょういん》に運《はこ》びこみました。

胃捻転《いねんてん》は大型犬《おおがたけん》に多《おお》く、胃《い》が急《きゅう》にねじれてしまう病気《びょうき》です。胃《い》にガスがたまってふくれるので、空気《くうき》をぬいてから、ねじれてひっくり返《かえ》った胃《い》を元《もと》にもどして、固定《こてい》します。

手術《しゅじゅつ》の間《あいだ》、金本《かねもと》さんはつきそっていたのですが、気《き》が気《き》ではありません。手術《しゅじゅつ》は無事《ぶじ》終《お》わりましたが、あと少《すこ》し傷口《きずぐち》をぬったら終《お》わりというところで、シンディーは息《いき》を引《ひ》き取《と》りました。

(そんな……。)

乳《にゅう》がんかもと心配《しんぱい》していたのですが、まさか胃捻転《いねんてん》で、しかも手術《しゅじゅつ》は成功《せいこう》したというのに、死《し》んでしまうなんて思《おも》ってもいませんでした。

広島《ひろしま》の広《ひろ》い庭《にわ》の犬小屋《いぬごや》にいたシンディーのさびしそうなすがた……。

金本《かねもと》さんの家《いえ》のリビングのソファにねそべってほかの犬《いぬ》をながめていた気品《きひん》

のあるすがた。

車《くるま》いすで、うれしそうにトイレ散歩《さんぽ》に行《い》くすがた。

うるんだやさしい目《め》。

短《みじか》い間《あいだ》でしたが、いろいろ思《おも》い出《だ》します。

（シンディーは、しあわせだったのだろうか……。）

胸《むね》がいっぱいになりますが、立《た》ち止《ど》まって、悲《かな》しんでばかりはいられません。金本《かねもと》さんの家《いえ》には、つねに十頭近《とうちか》くの保護犬《ほごけん》がいます。バーニーズのまさこは、手術《しゅじゅつ》をしたばかりです。ねたきりの大型犬《おおがたけん》もいます。高齢《こうれい》の小型犬《こがたけん》もいます。病気《びょうき》の犬《いぬ》もいます。

保護犬活動《ほごけんかつどう》をしている仲間《なかま》にあずけている何十頭《なんじっとう》の犬《いぬ》の里親《さとおや》さがしもしなけ

ればなりません。おむつやえさ代《だい》のために、かけもちで仕事《しごと》をしています。その間《かん》に、活動《かつどう》を広《ひろ》めるためのイベントやバザーもしなければならないし、電話《でんわ》があれば、遠《とお》くまで犬《いぬ》の保護《ほご》に出《で》かけます。

いそがしさに追《お》われながら、金本《かねもと》さんをはげましてくれるのは、車《くるま》いすにのって、優雅《ゆうが》にトイレ散歩《さんぽ》に行《い》くシンディーの思《おも》い出《で》です。

（シンディーは自力《じりき》でトイレに行《い》け

金本《かねもと》さんが保護《ほご》した犬《いぬ》たち。保護活動《ほごかつどう》は続《つづ》く。

て、しあわせだった。)

そう思《おも》うことで、金本《かねもと》さんは、今日《きょう》もがんばっています。

シンディーがのっていた車《くるま》いすは、同《おな》じ保護仲間《ほごなかま》のもとにいる、足《あし》が不自由《ふじゆう》なボルゾイ犬《けん》に使《つか》ってもらうことにしました。

6

ポポはおじいさん

二〇一七年《ねん》の春《はる》、大阪府《おおさかふ》の宮本桃香《みやもともも か》ちゃん（小三《しょう》）の家《いえ》に、チワワが二匹《ひき》やってきました。三重県《みえけん》に住《す》んでいるおばあちゃん（お母《かあ》さんのお母《かあ》さん）が入院《にゅういん》することになったので、その間《あいだ》、あずかることになったのです。

弟《おとうと》の誠也《せいや》くん（幼稚園《ようちえん》の年長《ねんちょう》）は、いっぺんに犬《いぬ》が二匹《ひき》も来《き》て、大《おお》よろこびです。桃香《ももか》ちゃんもうれしいのですが、犬《いぬ》アレルギーなので、

「目《め》がかゆくなったり、はれたりしないかな。」

と、お母《かあ》さんは心配《しんぱい》していました。最初《さいしょ》は、おそるおそるなでたり、だいたりしていたのですが、どこもかゆくなりません。

「あたし、なんともないみたい。」

桃香《ももか》ちゃんは、うれしくてなりません。

二匹《ひき》のチワワは夫婦《ふうふ》で、オスのポポは十三歳《さい》、メスのネネは十二歳《さい》。

おじいさんと、おばあさんです。

ポポは、左《ひだり》うしろ足《あし》を引《ひ》きずっています。

「どうしたんかな。」

「痛《いた》そう。かわいそうやな。病院《びょういん》に連《つ》れていって。」

桃香《ももか》ちゃんと誠也《せいや》くんは、心配《しんぱい》でなりません。

おばあちゃんに聞《き》くと、ポポは股関節形成不全《こかんせつけいせいふぜん》といって、チワワによくある病気《びょうき》でした。だんだん悪《わる》くなっていくと聞《き》いて、桃香《ももか》ちゃんは、

「そんなん、いやや。」

とポポを、ぎゅっとだきしめました。

ポポは、（どうしたの？）とでも言《い》うふうに、桃香《ももか》ちゃんのほっぺたをなめました。

「そや、車《くるま》いすや。」

お父《とう》さんが言《い》いました。お父《とう》さんの実家《じっか》にもチワワが二匹《ひき》いて、その一匹《ぴき》が、ポポと同《おな》じように足《あし》をひきずっていたので、「工房《こうぼう》スイーピー」で車《くるま》いすを作《つく》ってもらったことがあるのです。

「工房《こうぼう》スイーピー」に電話《でんわ》をかけると、

「宮本《みやもと》さんのご実家《じっか》から寄付《きふ》してもらった車《くるま》いすがあるので、あれを調整《ちょうせい》しましょう。同《おな》じ犬種《けんしゅ》なので、使《つか》えると思《おも》います。」

と言《い》ってくれました。実家《じっか》の犬《いぬ》が死《し》んだとき、「よかったら利用《りよう》してください。」と、車《くるま》いすを寄付《きふ》していたのです。

ポポを「工房《こうぼう》スイーピー」に連《つ》れていくと、川西《かわにし》さんは、ポポに合《あ》うように、ウエストのあたりを調整《ちょうせい》してくれました。

「車《くるま》いすを使《つか》わないと、前足《まえあし》まで悪《わる》くなっていくよ。」

と、仁美《ひろみ》さんが教《おし》えてくれました。

車《くるま》いすを使《つか》わないと、どうしても、前足《まえあし》だけで歩《ある》こうとします。すると、前《まえ》足《あし》に体重《たいじゅう》がかかって、つぎは、前足《まえあし》の関節《かんせつ》がゆがんでくるのです。

二輪《りん》の車《くるま》いすで散歩《さんぽ》するポポ。

「リハビリやと思《おも》って、車《くるま》いすで散歩《さんぽ》させたって。」

仁美《ひろみ》さんに教《おし》えられたとおり、トイレは家《いえ》の中《なか》でする習慣《しゅうかん》のあるポポもネネも、車《くるま》いすがきてからは、毎日《まいにち》、散歩《さんぽ》をしています。

ポポが車《くるま》いすで元気《げんき》に散歩《さんぽ》をしていることを聞《き》いたおばあちゃんは、

「ポポは、そっちに行《い》ってしあわせやなあ。」
とよろこんでいます。

おばあちゃんは、すっかり元気《げんき》になって退院《たいいん》したのですが、ポポとネネは、引《ひ》き続《つづ》き、桃香《ももか》ちゃんの家《いえ》で飼《か》うことになりました。

そんななか、ルルという子犬《こいぬ》がやってきました。お母《かあ》さんが、ペットショップでひとめぼれしたチワワの子犬《こいぬ》です。

一年間《ねんかん》で、三匹《びき》の犬《いぬ》の飼《か》い主《ぬし》になってしまった桃香《ももか》ちゃんと誠也《せいや》くんは、しっかり犬《いぬ》の世話《せわ》をしています。

犬《いぬ》たちは、桃香《ももか》ちゃんたちが学校《がっこう》に行《い》っている間《あいだ》は、居間《いま》のケージに入《はい》っています。

学校《がっこう》から帰《かえ》ってくると、桃香《ももか》ちゃんは、ケージにしきつめてあるトイレシートを交換《こうかん》したり、うんちをしていたら、ティッシュでつまんですてたりします。きたないとは思《おも》いません。

お母《かあ》さんが留守《るす》のときは、えさもやります。ポポとネネには、高齢犬用《こうれいけんよう》のフード、ルルには、子犬用《こいぬよう》のフードです。

「残《のこ》さずに食《た》べてくれると、うれしいねん。」

夕方《ゆうがた》、お母《かあ》さんといっしょに、犬《いぬ》の散歩《さんぽ》に行《い》きます。ネネとルルはいっしょですが、車《くるま》いすのポポは、歩《ある》く

桃香《ももか》ちゃん（右《みぎ》）と誠也《せいや》くん。今《いま》は3匹《びき》のお世話《せわ》をしている。

速《はや》さがちがうので、ネネとルルの散歩《さんぽ》が終《お》わってから、別《べっ》に連《つ》れていきます。ポポを車《くるま》いすにのせるのにも、もうなれました。

チワワは生《う》まれて一年《ねん》たつと、人間《にんげん》の十五歳《さい》と同《おな》じになります。六歳《さい》で、人間《にんげん》の四十歳《さい》。十四歳《さい》になったポポは、人間《にんげん》の七十歳《さい》ぐらいです。そして十六歳《さい》になれば、八十歳《さい》のおじいさんになるんだそうです。

「車《くるま》いすは、リハビリになるんでしょ？　ポポはもちろん、ネネも、うんと長《なが》生《い》きしてね。」

桃香《ももか》ちゃんは、三重県《みえけん》でひとりぐらしをしているおばあちゃんのことも、よく考《かんが》えるようになりました。

「わたしのことは、心配《しんぱい》しないで。とても元気《げんき》だから。それより、夏休《なつやす》みにポポたちを連《つ》れて、泊《と》まりにおいで。」

と、おばあちゃんは言《い》ってくれます。

7

クヴェナは犬《いぬ》の消《しょう》防《ぼう》団《だん》員《いん》？

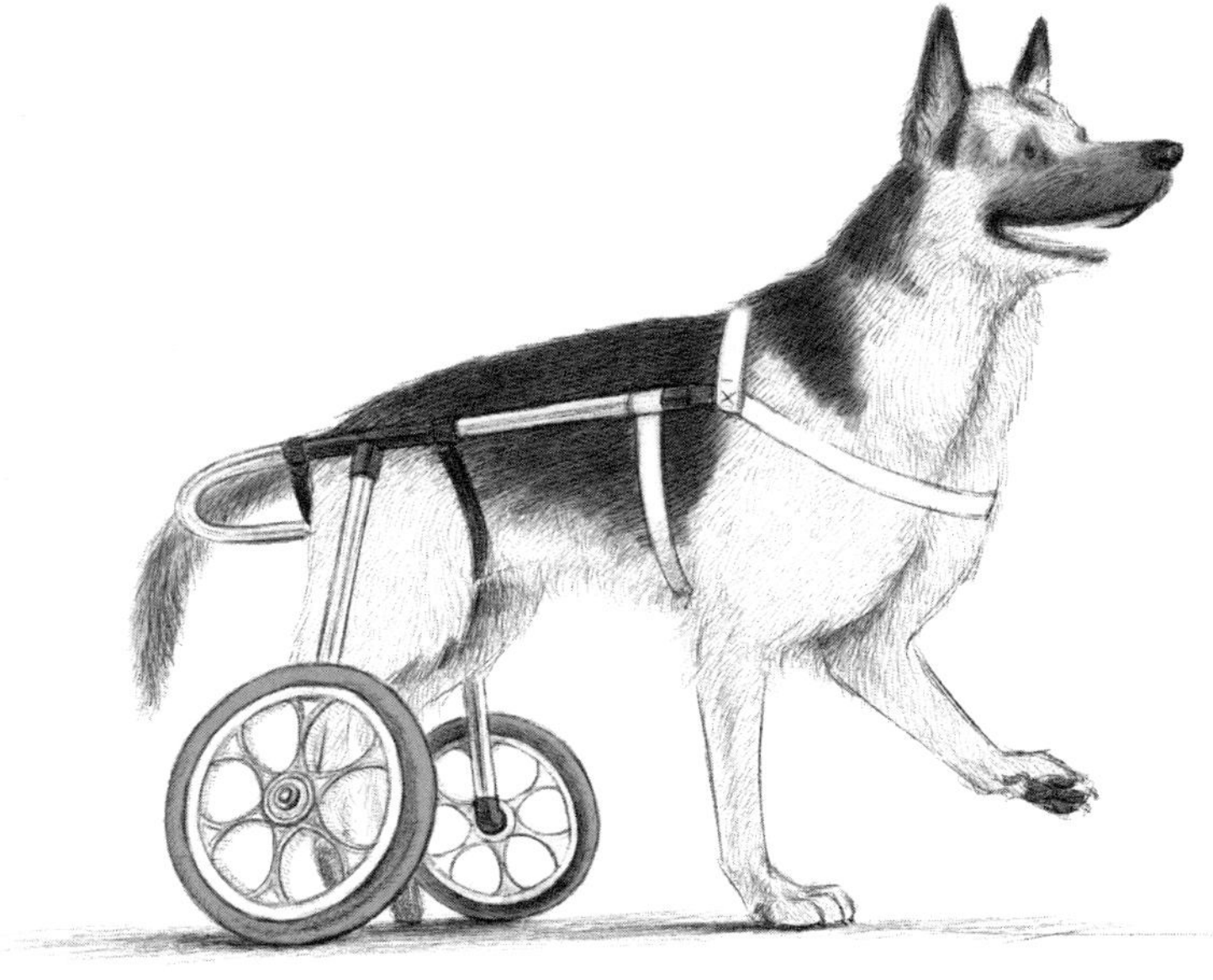

大阪府《おおさかふ》に住《す》んでいる高岡《たかおか》さんの飼《か》っているシェパードはメスで、名《な》まえはクヴェナ。両親《りょうしん》はチャンピオン犬《けん》で、クヴェナも生後《せいご》六か月《げつ》のころにコンテストに出場《しゅつじょう》して三位《い》になったことがある、かしこい犬《いぬ》です。

ご主人《しゅじん》は単身赴任中《たんしんふにんちゅう》。お子《こ》さんはみんな大《おお》きくなって、家《いえ》を出《で》ていきました。

夕方《ゆうがた》、高岡《たかおか》さんが仕事《しごと》から帰《かえ》ると、いちばんにクヴェナと散歩《さんぽ》に出《で》かけます。家《いえ》の近所《きんじょ》の消防署《しょうぼうしょ》の前《まえ》を通《とお》るのが散歩《さんぽ》のコースになっていました。

十年前《ねんまえ》の真夏《まなつ》のある日《ひ》、消防署《しょうぼうしょ》の前《まえ》を通《とお》りすぎるとき、クヴェナは（こっちだよ。）とでも言《い》うふうに、消防署《しょうぼうしょ》の玄関《げんかん》に高岡《たかおか》さんをぐいぐい引《ひ》っぱっていくのです。そして、三段《だん》ほどの階段《かいだん》を上《あ》がったドアのところにすわりこんで、動《うご》こうとしません。わけはすぐにわかりました。ドアのすき間《ま》からクーラーの冷気《れいき》がもれていました。

ちゃっかり三十分《ぷん》ほどすずんで、やっと家《いえ》に帰《かえ》りました。

その日《ひ》だけかと思《おも》ったのですが、つぎの日《ひ》も、またつぎの日《ひ》も、階段《かいだん》を上《のぼ》ったところで、休《やす》むようになりました。

消防士《しょうぼうし》さんもおもしろがって、入《い》れかわり出《で》てきては、

「そうか、クヴェナという名《な》まえなのか。かしこそうだな。」

となでてくれたり、

「おまえ、いっそ、うちの団員《だんいん》になるか？」

など、じょうだんを言《い》って、かわいがってくれました。

そのうち、だれが作《つく》ったのか、首《くび》からかける「火《ひ》の用心《ようじん》」のプレート（かんばん）ができあがりました。一回《かい》かけてもらったあとは、それを見《み》せると、

（かけて、かけて。）とでも言《い》うふうに、クヴェナは、首《くび》を差《さ》しだすのです。

夕方《ゆうがた》になると、いつも同《おな》じ場所《ばしょ》に、プレートをかけてすわっているので、学《がっ》校帰《こうがえ》りの子《こ》どもたちや、近所《きんじょ》の区役所《くやくしょ》の人《ひと》たちも、クヴェナを見《み》にやってきました。なでられても、話《はな》しかけられても、クヴェナはおとなしくすわっているだけでしたが、消防車《しょうぼうしゃ》が出動《しゅつどう》するときは、いち早《はや》く気配《けはい》を感《かん》じ、大型犬《おおがたけん》のシェパードらしい大《おお》きな声《こえ》で、

「ワワワーン。」

とほえるように鳴《な》きました。クヴェナの鳴《な》き声《ごえ》に、そばを通《とお》る人《ひと》は何事《なにごと》かと思《おも》って立《た》ち止《ど》まるのですが、そのあとすぐに、消防車《しょうぼうしゃ》が「ウーカンカンカン」とサイレンを鳴《な》らし始《はじ》めるので、みんなは、そういうことかと、いそいでわきによけるのでした。

「火《ひ》の用心《ようじん》」のプレートをかけたクヴェナは、まるで消防団員《しょうぼうだんいん》！

消防車《しょうぼうしゃ》や救急車《きゅうきゅうしゃ》が出動《しゅつどう》すると、ほえるように鳴《な》いて知《し》らせていた。

クヴェナは、消防署《しょうぼうしょ》の火災予防《かさいよぼう》のイベントがあると参加《さんか》して、まるで消防署《しょうぼうしょ》の一員《いちいん》のように、りりしく役目《やくめ》を果《は》たしていました。

「火《ひ》の用心《ようじん》」と書《か》かれた赤《あか》いベストを着《き》て行進《こうしん》したり、消防車《しょうぼうしゃ》にのって、子《こ》どもたちといっしょに写真《しゃしん》を撮《と》ることもありました。

消防士《しょうぼうし》さんが「火災予防《かさいよぼう》」の話《はなし》をするときは、じっとそばにすわって、助手《じょしゅ》のようでした。クヴェナがいるおかげで、小《ちい》さな子《こ》どももうろうろしないで、消防士《しょうぼうし》さんの話《はなし》に耳《みみ》をかたむけました。

出初《でぞ》め式《しき》にも出《で》て有名《ゆうめい》になり、なんどもテレビの取材《しゅざい》を受《う》けました。

新聞《しんぶん》にものりました。

たくさんの子《こ》どもたちが、クヴェナのことを作文《さくぶん》に書《か》きました。

そんなことが十年《ねん》も続《つづ》いたのですが、十一歳《さい》をすぎたころ、おしっこが出《で》にくくなり、診察《しんさつ》をしてもらったら、ぼうこうがんだと言《い》われてしまいました。

「もう手術《しゅじゅつ》はできません。おしっこが止《と》まったらあきらめてください。」

と獣医《じゅうい》さんに言《い》われました。

高岡《たかおか》さんはショックでした。ひとりクヴェナをだきしめて、とほうにくれました。

消防署《しょうぼうしょ》のイベントに参加《さんか》して、先頭《せんとう》を歩《ある》くクヴェナ。

クヴェナは、ねたきり状態《じょうたい》になってしまいましたが、大型犬《おおがたけん》なので、「大型犬《おおがたけん》なので、歩《ある》かないと弱《よわ》ります。できるだけ、歩《ある》かせてあげてください。」と獣医《じゅうい》さんに言《い》われ、近所《きんじょ》にある「工房《こうぼう》スイーピー」で、車《くるま》いすを作《つく》ってもらいました。

車《くるま》いすで散歩《さんぽ》したことや、薬《くすり》がきいたこともあって、二か月後《げつご》、クヴェナは、なんと、自力《じりき》で歩《ある》けるよ

車《くるま》いすを使《つか》って歩《ある》くのがリハビリになり、自力《じりき》で歩《ある》けるように！

うになりました。

それから半月《はんつき》は元気《げんき》でしたが、その後《ご》は、家《いえ》で、べたっとねそべることが多《おお》くなりました。

ある日《ひ》、高岡《たかおか》さんが仕事《しごと》に行《い》くときに、

「待《ま》っててや。いそいで帰《かえ》ってくるからね。」

とクヴェナに声《こえ》をかけて、なでると、うるんだ目《め》で、高岡《たかおか》さんを見上《みあ》げま

中央《ちゅうおう》が、飼《か》い主《ぬし》の高岡道代《たかおかみちよ》さん。

した。

「よしよし、早《はや》く帰《かえ》ってくるね。」

それが、クヴェナとの最後《さいご》でした。

消防署《しょうぼうしょ》の名誉《めいよ》団員《だんいん》だったクヴェナは、十二歳《さい》で亡《な》くなりました。

十一年間《ねんかん》も、地元《じもと》住之江区《すみのえく》の消防活動《しょうぼうかつどう》に協力《きょうりょく》したという功績《こうせき》がみとめられて、市長《しちょう》さんから表彰《ひょうしょう》を受《う》けました。

第《だい》3章《しょう》

夢《ゆめ》はどんどん広《ひろ》がって

1 仁美《ひろみ》さんは、犬《いぬ》が苦手《にがて》だった

仁美《ひろみ》さんは、小《ちい》さいころ、犬《いぬ》に追《お》いかけられたことがあって、犬《いぬ》が大《だい》きらい。ペットショップの前《まえ》を通《とお》っただけでも、じんましんが出《で》るほどでした。

今《いま》から、十年《ねん》ほど前《まえ》のことです。実家《じっか》のお母《かあ》さんから、

「犬《いぬ》を飼《か》いたいから、ペットショップについてきて。」

と言《い》われました。英治《えいじ》さんに、

「だいじょうぶか。」

と心配《しんぱい》されながら、車《くるま》の運転手《うんてんしゅ》として、しぶしぶついていきました。

お母《かあ》さんが犬《いぬ》を見《み》ている間《あいだ》、できるだけ息《いき》をしないように、入《い》り口《ぐち》でつっ

立《た》っていたのですが、そのとき、ケージの中《なか》にいるシェルティと目《め》が合《あ》いました。

うるうるした目《め》で、仁美《ひろみ》さんを見《み》ています。店《みせ》に来《き》て六か月《げつ》たっても売《う》れないので、今日《きょう》にでも処分《しょぶん》されると聞《き》いて、おどろきました。思《おも》わず、

「うちに来《く》る？」

と聞《き》いてしまいました。

（うん。）

そう言《い》ったように思《おも》いました。それから先《さき》のことを、仁美《ひろみ》さんはよく覚《おぼ》えていません。気《き》がついたら、シェルティといっしょに家《いえ》にいました。そのときのことを英治《えいじ》さんは、「とにかくびっくりした。」と言《い》います。犬《いぬ》が大《だい》きらいと言《い》い続《つづ》けていた仁美《ひろみ》さんが、シェルティをだいて帰《かえ》ってきたからです。

仁美《ひろみ》さんは「犬《いぬ》のにおいがいや。」と言《い》って、空気清浄機《くうきせいじょうき》を買《か》いました。オリーブと名《な》づけたシェルティの世話《せわ》は、当然《とうぜん》のように、英治《えいじ》さんがすることになりました。

ところが、そのうち、仁美《ひろみ》さんはオリーブがかわいくてたまらなくなり、半年後《はんとしご》に、オリーブに家族《かぞく》をと思《おも》い、もう一匹《ぴき》チワワを飼《か》うことにしました。名《な》まえは、ポパイです。

犬《いぬ》の散歩仲間《さんぽなかま》に、「子犬《こいぬ》が生《う》まれた。もらって。」と言《い》われて、やってきたのが、車《くるま》いすを作《つく》るきっかけになった、ダックスフントのスイーピーでした。

グラーニーというマルチーズもやってきました。十三歳《さい》のメス犬《いぬ》です。飼《か》い主《ぬし》だったひとり暮《ぐ》らしのおじいさんが施設《しせつ》に入《はい》ったのですが、犬《いぬ》を飼《か》っていることに、だれも気《き》づきませんでした。二週間後《しゅうかんご》、家《いえ》を片《かた》づけに来《き》たヘルパーさんが、ふとんの中《なか》で、もそもそ動《うご》いているグラーニーを発見《はっけん》。仁美《ひろみ》さんならなんとかしてくれるのではと、獣医《じゅうい》さん経由《けいゆ》でたよってきたのです。

グリーニーというメスのダックスは、住吉公園《すみよしこうえん》につながれたままになっていた犬《いぬ》です。

黒《くろ》いダックスもあずかりましたが、ほかの犬《いぬ》と相性《あいしょう》が悪《わる》く、飼《か》い主《ぬし》をさがしました。ほかにも、もらい先《さき》が決《き》まるまで、一時的《いちじてき》に犬《いぬ》をあずかることが、たびたびあります。

その間《あいだ》に、ポパイとオリーブを順番《じゅんばん》に看取《みと》りました。お母《かあ》さんの家《いえ》のチワワのジロも認知症《にんちしょう》のために夜鳴《よな》きをするようになったので、仁美《ひろみ》さんが引《ひ》き取《と》り、最期《さいご》を看取《みと》りました。

「犬《いぬ》ぎらいやった、おまえがなあ。」

英治《えいじ》さんは、首《くび》をかしげながら、わらいます。

＊看取《みと》る――命《いのち》が終《お》わるまで看病《かんびょう》して、そばにつきそうこと。

川西《かわにし》さんの家《いえ》の犬《いぬ》たち。左《ひだり》から、グリーニー、グラーニー、スイーピー。

2 介護用《かいごよう》グッズの工夫《くふう》

「工房《こうぼう》スイーピー」では、犬《いぬ》の介護用《かいごよう》グッズを売《う》っています。おむつカバーや、足《あし》を引《ひ》きずる犬《いぬ》のためのくつなどです。が、仁美《ひろみ》さんは、すぐにこう言《い》います。

「買《か》わんでもええよ。代用品《だいようひん》がかんたんに作《つく》れるから。」

そして、作《つく》り方《かた》を教《おし》えます。英治《えいじ》さんは、

「営業妨害《えいぎょうぼうがい》やな。」

と苦笑《くしょう》しています。仁美《ひろみ》さんは、

「老犬《ろうけん》の介護《かいご》にはお金《かね》がかかるんやで。節約《せつやく》できるところは、せなあかん。」

「そらそやけど、うちでも介護用品売《かいごようひんう》ってるねんで。」

「それはそれ。」

「どういうことや？」

「今《いま》すぐいるときがあるやん。買《か》いに来《き》てくれるまでのまにあわせ。」

「まにあわせねえ。」

「あかんのん？」

「はいはい、わかりました。お好《す》きなように。」

ふたりのやりとりは、楽《たの》しいです。

仁美《ひろみ》さんが工夫《くふう》した介護用《かいごよう》グッズの作《つく》り方《かた》を、いくつか紹介《しょうかい》します。

おしめカバー

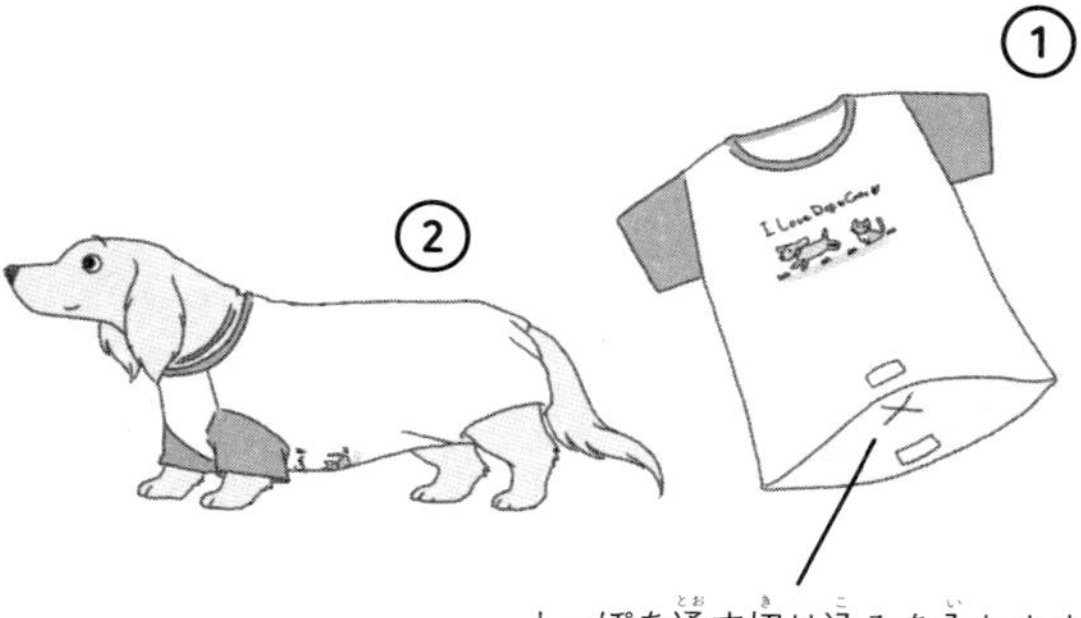

いろいろなタイプのものがありますが、仁美《ひろみ》さんはT《ティー》シャツで作《つく》れるおしめカバーをおすすめしています。ダックスフントの場合《ばあい》、二〜三歳用《さいよう》の子《こ》どものT《ティー》シャツが役《やく》に立《た》ちます。T《ティー》シャツのすそ、股《また》になる部《ぶ》分《ぶん》に一カ所《しょ》、マジックテープをつけます（アイロンで貼《は》り付《つ》けるタイプがラクです）。

T《ティー》シャツの背《せ》中側《なかがわ》に、しっぽの位置《いち》にあわせて×《バツ》の切《き》り込《こ》みを入《い》れて、しっぽを通《とお》し、着《き》せるだけです。

コーギーやダックスフントなど、足《あし》が短《みじか》い犬《いぬ》は、タンクトップのほうがいい場合《ばあい》もあります。T《ティー》シャツのそでの部分《ぶぶん》をふんでしまうときは、そでを切《き》ってしまってもOK《オーケー》。

介助《かいじょ》ハーネス

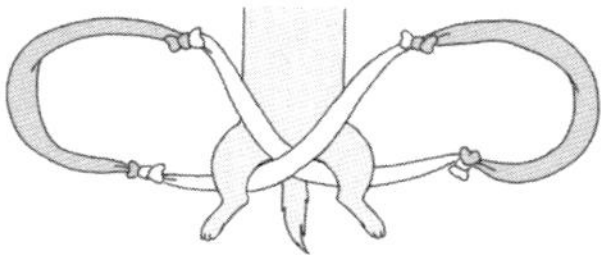

市販《しはん》で、うしろ足《あし》を持《も》ち上《あ》げるハーネスがあります。大型犬《おおがたけん》のばあいは安定《あんてい》しているのですが、小型犬《こがたけん》のばあい、犬《いぬ》の体《からだ》が低《ひく》い位置《いち》にあるので、飼《か》い主《ぬし》が、中腰《ちゅうごし》で持《も》ち上《あ》げて歩《ある》くことになります。

結果《けっか》、飼《か》い主《ぬし》は腰《こし》を痛《いた》めるし、犬《いぬ》も安定《あんてい》しません。

これは、スポーツタオルで作《つく》れます。たてにふたつに折《お》って、輪《わ》にしてねじり、8《はち》の字《じ》にします。下《した》の輪《わ》に、犬《いぬ》のうしろ足《あし》を入《い》れます。上《うえ》の輪《わ》を飼《か》い主《ぬし》の肩《かた》にかけます。

腰《こし》をかがめなくてもいいようにするには、タオルをつぎ足《た》し、長《なが》い8《はち》の字《じ》にします。犬《いぬ》の腰《こし》の上《うえ》で、一度《ど》タオルをたばねてひもでしばり、飼《か》い主《ぬし》が肩《かた》にかけると、犬《いぬ》も安定《あんてい》します。

エリザベスカラー

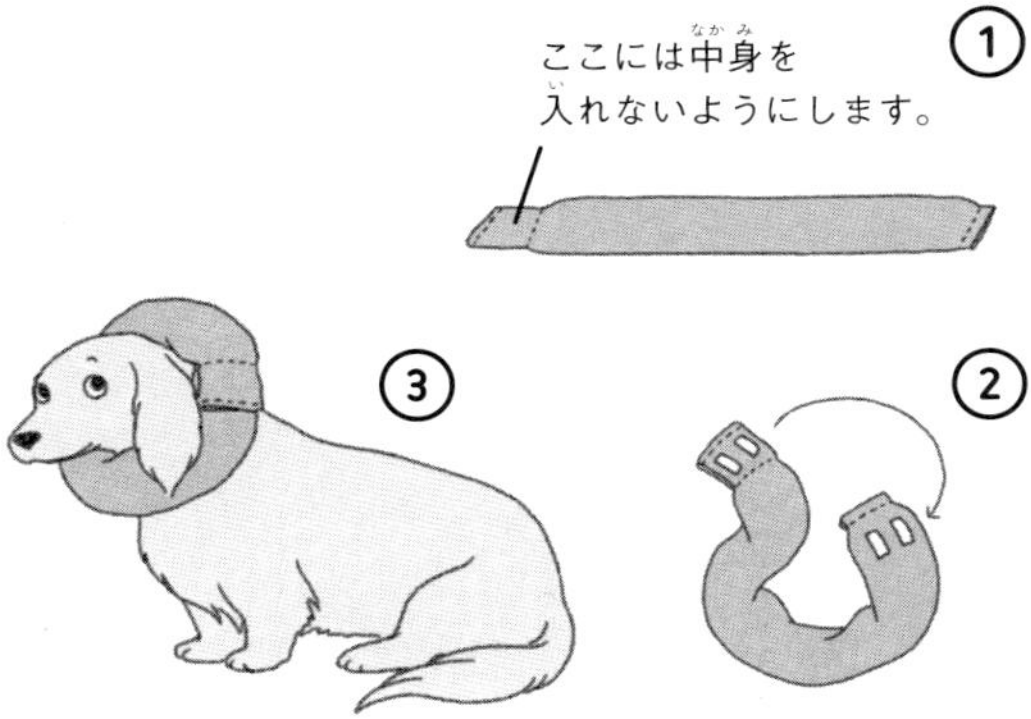

エリザベスカラーとは、手術《しゅじゅつ》をしたり、けがをしたりしたときに、犬《いぬ》が、傷口《きずぐち》をなめないように首《くび》にはめる、セルロイドなどでできたじょうご形《がた》の保護具《ほごぐ》です。

エリザベスカラーをつけると、小《ちい》さな犬《いぬ》は、その重《おも》さで身動《みうご》きができなくなることがあります。そんな場合《ばあい》、エリザベスカラーをタオルで作《つく》ればいいと、仁美《ひろみ》さんは言《い》います。

①細長《ほそなが》くぬったタオルの中《なか》にスポンジや布《ぬの》をつめます（このとき、犬《いぬ》の口《くち》が傷口《きずぐち》にとどかない厚《あつ》みにすることが大切《たいせつ》です。）。タオルの両端《りょうはし》と、一方《いっぽう》の端《はし》から七〜八cmの部分《ぶぶん》をぬいます。②両端《りょうはし》の表《おもて》、裏《うら》にマジックテープをつけます。③グルッと輪《わ》にして首《くび》につけます。

やわらかいので、あごを置《お》いて、そのままねむることができます。歩《ある》くときも、視界《しかい》のさまたげになりません。

3 仁美《ひろみ》さん、大学《だいがく》で教《おし》える

大阪市《おおさかし》の動物病院《どうぶつびょういん》に勤《つと》めていた獣医師《じゅういし》の山本和弘先生《やまもとかずひろせんせい》は、テレビの情報番組《じょうほうばんぐみ》で「工房《こうぼう》スイーピー」のことを知《し》りました。

（車《くるま》いす……。これは、わたしが診察《しんさつ》しているあの犬《いぬ》たちに、いいかもしれない。）

そう思《おも》った山本先生《やまもとせんせい》は、さっそく、「工房《こうぼう》スイーピー」に連絡《れんらく》をして、患者《かんじゃ》である犬《いぬ》の症状《しょうじょう》を伝《つた》え、飼《か》い主《ぬし》さんと犬《いぬ》に行《い》ってもらうようにしました。

後日《ごじつ》、車《くるま》いすを作《つく》ってもらった飼《か》い主《ぬし》さんは、車《くるま》いすにのった犬《いぬ》を、山本先《やまもとせん》生《せい》に見《み》せに来《き》て、

「この車《くるま》いす、うちの犬《いぬ》に合《あ》わせて一《いち》から作《つく》ってもらったので、ぴったりなんです。軽《かる》いし、犬《いぬ》の負担《ふたん》にならないので、安心《あんしん》してのせています。」

と、とてもよろこんでいました。

別《べつ》の飼《か》い主《ぬし》さんは、

「川西《かわにし》さんご夫妻《ふさい》は、ほんとうに親切《しんせつ》なんです。」

と、日常《にちじょう》の介護《かいご》の方法《ほうほう》を教《おし》えてもらったことを、うれしそうに話《はな》してくれました。

「散歩《さんぽ》できるようになったおかげで、食欲《しょくよく》も出《で》てきました。ほっとしています。」

と言《い》って、愛犬《あいけん》をなでながら、笑顔《えがお》で話《はな》す人《ひと》もいます。体《からだ》に合《あ》った車《くるま》いすで散《さん》歩《ぽ》しているうちに、リハビリになって、筋力《きんりょく》がついてきたそうです。

どの人《ひと》も、「工房《こうぼう》スイーピー」に行《い》って、川西《かわにし》さんご夫妻《ふさい》と話《はな》したことで、気持《きも》ちが明《あか》るくなっているようです。車《くるま》いすで歩《ある》いている犬《いぬ》を見《み》て、山本先生《やまもとせんせい》は、

（車《くるま》いすは、ペットにとっていいだけではなく、飼《か》い主《ぬし》にとっても希望《きぼう》なんだ。）

と思《おも》いました。とともに、ペットの介護《かいご》について相談《そうだん》できる相手《あいて》があるたいせつさを、改《あらた》めて感《かん》じました。

というのも……。

山本先生《やまもとせんせい》は、日本《にっぽん》で獣医師資格《じゅういしかく》を取得《しゅとく》したあと、アメリカの獣医大学《じゅういだいがく》の大学院《だいがくいん》で学《まな》びました。その後《ご》もアメリカで、人《ひと》と動物《どうぶつ》がともにかかる病気《びょうき》の研究《けんきゅう》を

しつつ、さまざまな医療《いりょう》の現場《げんば》を見《み》てきました。

アメリカの動物介護医療《どうぶつかいごいりょう》は、獣医師《じゅういし》だけではなく、動物看護師《どうぶつかんごし》や飼《か》い主《ぬし》がひとつのチームになって、ペットの治療《ちりょう》にかかわっていくというものでした。チームワークでペットの治療《ちりょう》にあたるこの方法《ほうほう》は、獣医師《じゅういし》や飼《か》い主《ぬし》にもストレスが少《すく》なく、だれもがおだやかにペットの治療《ちりょう》にのぞむことができるのです。

山本先生《やまもとせんせい》は、アメリカで就職《しゅうしょく》しようと考《かんが》えていましたが、一九九九年《ねん》の夏《なつ》、交通事故《こうつうじこ》にあってしまい、大学院《だいがくいん》を修了後《しゅうりょうご》、日本《にっぽん》に帰《かえ》ってきました。

帰国《きこく》したものの、事故《じこ》の後遺症《こういしょう》で左手《ひだりて》の握力《あくりょく》はなくなり、左足《ひだりあし》もあまり動《うご》かず、歩《ある》くのも困難《こんなん》で苦《くる》しんでいました。

人生《じんせい》をあきらめかけていた二〇〇二年《ねん》の秋《あき》、優秀《ゆうしゅう》なお医者《いしゃ》さんに出会《であ》い、手《しゅ》術《じゅつ》を受《う》けた結果《けっか》、奇跡的《きせきてき》に回復《かいふく》しました。

半年後《はんとしご》、働《はたら》ける体調《たいちょう》になってからは、海外《かいがい》の貧《まず》しい子《こ》どもたちのための支援《しえん》のために、アジアやアフリカにも足《あし》を運《はこ》びました。

その後《ご》、動物病院《どうぶつびょういん》に勤《つと》め、多《おお》くの動物《どうぶつ》の治療《ちりょう》にあたりました。さまざまな経《けい》験《けん》をしているうちに、アメリカで学《まな》んだチームワーク医療《いりょう》を、もっと多《おお》くの人《ひと》に伝《つた》えたいと思《おも》うようになりました。そして、チームワーク医療《いりょう》ができる優秀《ゆうしゅう》な動物看護師《どうぶつかんごし》さんを育《そだ》てようと、帝京科学大学《ていきょうかがくだいがく》のアニマルサイエンス学科《がっか》の准《じゅん》教授《きょうじゅ》になりました。

山本先生《やまもとせんせい》は、「工房《こうぼう》スイーピー」の仁美《ひろみ》さんの、飼《か》い主《ぬし》のなやみを実際《じっさい》に聞《き》き、そのなやみにこたえる接《せっ》し方《かた》こそ、学生《がくせい》たちに伝《つた》えたいことだと思《おも》いました。

「川西《かわにし》さんのやり方《かた》は、とても勉強《べんきょう》になります。ぜひアニマルサイエンス学科《がっか》の学生《がくせい》に話《はな》していただけませんか。」

とたのみました。

「そんな、わたしにはできません。」

と、仁美《ひろみ》さんはすぐに、ことわりました。それであきらめる山本先生《やまもとせんせい》ではありません。山本先生《やまもとせんせい》は、

「大学《だいがく》では、教科書《きょうかしょ》をもとに学《まな》んでいますが、現場《げんば》での生《い》きた話《はなし》も必要《ひつよう》です。わたしは、ペットの治療《ちりょう》には獣医師《じゅういし》だけではなく、川西《かわにし》さんのような人《ひと》のささえが必要《ひつよう》だと思《おも》っています。」

と、アメリカでのチームワーク医療《いりょう》の話《はなし》をしました。

「具体的《ぐたいてき》な日常《にちじょう》の動物介護《どうぶつかいご》は、いろんな犬《いぬ》と飼《か》い主《ぬし》さんに出会《であ》っている川西《かわにし》さんだからこそできるのです。ぜひ、東京《とうきょう》まで来《き》て、川西《かわにし》さんの車《くるま》いす作《づく》りの体《たい》

験《けん》について、動物介護士《どうぶつかいごし》をめざしている学生《がくせい》たちに、話《はな》してやってください。」

仁美《ひろみ》さんは、山本先生《やまもとせんせい》の説得《せっとく》に、（そうかもしれない。）と思《おも》い、

「お役《やく》に立《た》つのなら。」

と、非常勤講師《ひじょうきんこうし》を引《ひ》き受《う》けました。


二〇一八年《ねん》六月《がつ》、東京《とうきょう》の帝京科学大学《ていきょうかがくだいがく》での公開講座《こうかいこうざ》*で、仁美《ひろみ》さんは講演《こうえん》しました。ご主人《しゅじん》の英治《えいじ》さんはもちろん、スイーピーも助手《じょしゅ》として参加《さんか》しました。

テーマは、「小動物《しょうどうぶつ》に対《たい》する家庭内看護学《かていないかんごがく》」です。愛犬《あいけん》スイーピーが歩《ある》けなくなったことで、犬《いぬ》の車《くるま》いすに出合《であ》い、それを改良《かいりょう》したことがきっかけで、「工房《こうぼう》スイーピー」を立《た》ち上《あ》げたいきさつを話《はな》す仁美《ひろみ》さんは、堂々《どうどう》としていました。

下半身《かはんしん》マヒになった犬《いぬ》の介護《かいご》の仕方《しかた》について、スイーピーを使《つか》っての車《くるま》いすのデモンストレーションに、これから動物《どうぶつ》の看護《かんご》に関《かか》わる職業《しょくぎょう》につく学生《がくせい》たち約《やく》百五十名《めい》をはじめ、動物看護士《どうぶつかんごし》たちも、スマートフォンで撮影《さつえい》したり、ノートを取《と》ったり、身《み》を乗《の》り出《だ》すように、話《はなし》を聴《き》いていました。

仁美《ひろみ》さんの体験《たいけん》に基《もと》づく生《い》きた授業《じゅぎょう》は、学生《がくせい》たちの心《こころ》をつかんだようです。

講演《こうえん》が終《お》わってからも、学生《がくせい》たちは立《た》ち去《さ》らずに、仁美《ひろみ》さんや英治《えいじ》さんを取《と》り囲《かこ》んで、犬《いぬ》の年齢《ねんれい》をきいたり、興味深《きょうみぶか》そうに車《くるま》いすをのぞきこんだりしています。

親類《しんるい》に歩《ある》けなくなった老犬《ろうけん》がいるという学生《がくせい》さんは、

＊公開講座《こうかいこうざ》――この時《とき》は、一年生《ねんせい》と一般《いっぱん》の人《ひと》に向《む》けての講座《こうざ》でした。

スイーピーといっしょに、具体的《ぐたいてき》なケア方法《ほうほう》を話《はな》す仁美《ひろみ》さん。

↖約《やく》150名《めい》の学生《がくせい》や動物看護師《どうぶつかんごし》の人《ひと》たちが熱心《ねっしん》に耳《みみ》をかたむけた。

↑講演《こうえん》のあと、学生《がくせい》たちにかこまれる。

山本和弘先生《やまもとかずひろせんせい》（右《みぎ》）との縁《えん》で、講演《こうえん》が実現《じつげん》。

「さっそく、車《くるま》いすのことを話《はな》してみます。」

と、目《め》を輝《かがや》かしていました。仁美《ひろみ》さんは、

「散歩《さんぽ》に行《い》くことで、食欲《しょくよく》が出《で》て、元気《げんき》になる犬《いぬ》たちをたくさん見《み》てきました。車《くるま》いすには、そんな力《ちから》があります。」

と、話《はな》していました。

そんな学生《がくせい》たちのようすに、川西《かわにし》さんご夫妻《ふさい》を招《まね》いた山本先生《やまもとせんせい》は、

「学生《がくせい》たちがこんなに熱心《ねっしん》に参加《さんか》しているすがたは、めずらしいです。」

と、おどろくとともに、

「これをきっかけに、きっと、動物福祉《どうぶつふくし》に対《たい》して、積極的《せっきょくてき》になってくれることでしょう。」

と、目《め》を細《ほそ》めていました。

一方《いっぽう》、仁美《ひろみ》さんは、

「伝《つた》えたことを実践《じっせん》してくれそうな学生《がくせい》さんばかりで、思《おも》い切《き》って、東京《とうきょう》に来《き》て、お話《はな》しさせてもらえてよかったです。」

と語《かた》ってくれました。

山本先生《やまもとせんせい》は、犬《いぬ》の保護《ほご》シェルターについて研究《けんきゅう》をしているのですが、仁美《ひろみ》さんも、シェルターの必要性《ひつようせい》を感《かん》じています。

「将来《しょうらい》は、見捨《みす》てられた犬《いぬ》の保護《ほご》も、積極的《せっきょくてき》にしていきたいです。」

仁美《ひろみ》さんの夢《ゆめ》を英治《えいじ》さんが、しっかり支《ささ》えています。

仁美《ひろみ》さんの夢《ゆめ》は英治《えいじ》さんの夢《ゆめ》でもあります。ふたりの夢《ゆめ》は、山本先生《やまもとせんせい》や帝京《ていきょう》科学大学《かがくだいがく》の動物看護《どうぶつかんご》をめざす学生《がくせい》たちとつながることで、これからも、ますます広《ひろ》がっていくことでしょう。

H.F.E
STOCK
LASHING CONTAINER

おわりに

わたしの飼《か》っていた犬《いぬ》の話《はなし》です。

ミッキーは、捨《す》て犬《いぬ》でした。もらい手《て》がなく、あちこちをまわりまわって、うちにやって来《き》ました。毛《け》むくじゃらで、足《あし》が短《みじか》くて、顔《かお》がでかく、マンガにでてくるような体《からだ》の大《おお》きな犬《いぬ》でした。

おさなかったふたりの娘《むすめ》と、きょうだいのように育《そだ》ちました。

犬《いぬ》は、人間《にんげん》の何倍《なんばい》ものスピードで年《とし》を取《と》るので、娘《むすめ》たちが小学生《しょうがくせい》のうちに、ミッキーはおじいさん犬《けん》になりました。

「ぼく、ごはん、まだもらっていませんよ。」

と、何度《なんど》もさいそくするようになったのは、認知症《にんちしょう》がはじまったからでした。昼間《ひるま》は寝《ね》ていて夜中《よなか》に目《め》をさまし、きゅーん、きゅーんと、鳴《な》きつづけました。体《からだ》をさすってほしいのです。うとうとしながら、いいかげんにさすっていると、ぐわん！（ちゃんとなでろ！）と文句《もんく》をいいました。

もともとわがままで、マイペースな性格《せいかく》でしたが、それが、だんだん強《つよ》くなってきたのです。

足《あし》が弱《よわ》ってしまったので、おしっこをするときは、後《うし》ろから腰《こし》を持《も》ち上《あ》げてさせていたせいか、わたしは腰痛《ようつう》になりました。

なめて毛《け》づくろいをするので、長《なが》い毛《け》が歯《は》の間《あいだ》にたまっていき、口臭《こうしゅう》がしました。その毛《け》を取《と》るときに、いやがって、かみついてきました。わたしのことも忘《わす》れてしまったようです。

こんな日々《ひび》が続《つづ》き、ミッキーは、ゆっくりと一生《いっしょう》を終《お》えました。

マックという犬《いぬ》は、友人《ゆうじん》の友人《ゆうじん》一家《いっか》が引《ひ》っ越《こ》すので、「もらってほしい。」と頼《たの》まれました。

うちにやってきたときは、七歳《さい》でした。ラブラドールレトリバーの雑種《ざっしゅ》ということでしたが、とてもかしこくて、おだやかな犬《いぬ》でした。

何匹《なんびき》もいたネコたちとも仲《なか》よしで、まるで生《う》まれたときから、うちにいるようになじみました。

晩年《ばんねん》、のどにしこりができました。獣医《じゅうい》さんは、老犬《ろうけん》なので、手術《しゅじゅつ》をしても、うまくいくかどうかわからないといいました。家族《かぞく》で話《はな》し合《あ》って、手術《しゅじゅつ》をしないことを選《えら》んだのですが、それでよかったのか悩《なや》みました。

横《よこ》になっているマックの頭《あたま》をひざにのせて、体《からだ》をなでてやるのが日課《にっか》になっていました。その延長《えんちょう》で、マックは、わたしのひざで息《いき》を引《ひ》き取《と》ったのですが、最期《さいご》、うるんだつぶらな目《め》でわたしを見《み》つめました。「ありがとう。」といっているようでした。「わたしたちこそありがとう。」とマックを抱《だ》きしめました。

茶々子《ちゃちゃこ》は、保護施設《ほごしせつ》からもらった、子牛《こうし》のように大《おお》きな犬《いぬ》でした。孫《まご》のいい遊《あそ》び相手《あいて》で、孫《まご》が上《うえ》に乗《の》っかってもいやがりませんでした。じいじとおさない孫《まご》が、大《おお》きな茶々子《ちゃちゃこ》を引《ひ》きつれて散歩《さんぽ》する姿《すがた》を、近所《きんじょ》の人《ひと》たちは、ほほえましく思《おも》っていたようです。

「今日《きょう》は、緑道《りょくどう》で見《み》かけたわよ。」

と、くすくす笑《わら》いながら、よくいわれました。

茶々子《ちゃちゃこ》は散歩《さんぽ》の途中《とちゅう》、たびたびすわりこむことがありました。重《おも》くて抱《だ》き上《あ》げることができなくて、わたしが散歩《さんぽ》させているときは、ほとほと困《こま》りました。

もらったとき、「赤《あか》ちゃんを生《う》んだばかりです。」ということだったのですが、けっこう年《とし》をとっていたのかもしれません。ある朝《あさ》、起《お》きたら玄関《げんかん》で死《し》んでいました。やすらかな姿《すがた》で、まるで眠《ねむ》っているようでした。

犬《いぬ》の車《くるま》いすを取材《しゅざい》しながら思《おも》ったことは、もし、あのとき、車《くるま》いすがあれば、茶々子《ちゃちゃこ》は、もっと散歩《さんぽ》を楽《たの》しむことができたのではないか、ということです。

認知症《にんちしょう》のミッキーのトイレも、楽《らく》になったと思《おも》います。のどにしこりができたマックは、亡《な》くなる数日前《すうじつまえ》まで自力《じりき》で散歩《さんぽ》していたので、車《くるま》いすは使《つか》わずにすんだと思《おも》います。が、飼《か》い主《ぬし》としては、車《くるま》いすのことを知《し》っていたら心強《こころづよ》かったかもしれません。

ヤギのアルタを取材《しゅざい》して、車《くるま》いすは、犬《いぬ》にかぎらず、いろいろな動物用《どうぶつよう》にも作《つく》ることができるとわかりました。川西《かわにし》さんご夫妻《ふさい》は、「注文《ちゅうもん》があれば、どんな動物《どうぶつ》の車《くるま》いすにもチャレンジします。」とおっしゃっていました。

ウサギや、ネコの車《くるま》いすの相談《そうだん》もあるそうです。

沢田俊子《さわだとしこ》

*著者紹介

沢田俊子《さわだとしこ》

1943年京都府生まれ。ノンフィクションから童話まで小学中級向けの作品を中心に幅広く執筆している。

主な作品に『目の見えない子ねこ、どろっぷ』（講談社）、『盲導犬不合格物語』（講談社青い鳥文庫）、『クマに森を返そうよ』（汐文社）、『おしゃべりな毛糸玉』（文研出版）、『引退犬 命の物語』『七頭の盲導犬と歩んできた道』『命の重さはみな同じ』『助かった命と、助からなかった命』（以上、学習プラス）などがある。

日本児童文芸家協会会員。日本ペンクラブ会員。

撮影／椎野 充（講談社写真部　P.2, P.7, P.23, P.111〜133）
イラスト／そのだえり（P.27, P.47, P.61, P.71, P.79, P.91, P.101）
ヨギ トモコ（P.16〜17, P.119〜121）
取材協力／工房スイーピー
http://www.studio-sweepea.co.jp/

*この作品は書き下ろしです。

講談社　青い鳥文庫

犬《いぬ》の車《くるま》いす物語《ものがたり》

沢田俊子《さわだとしこ》

2018年10月15日　第1刷発行

（定価はカバーに表示してあります。）

発行者　渡瀬昌彦

発行所　株式会社講談社

東京都文京区音羽2-12-21　郵便番号112-8001

電話　編集（03）5395-3536

販売（03）5395-3625

業務（03）5395-3615

N.D.C.913　140p　18cm

装　丁　坂川朱音＋太田斐子

久住和代

印　刷　図書印刷株式会社

製　本　図書印刷株式会社

本文データ制作　講談社デジタル製作

ISBN978-4-06-513472-6

世界の名作!!

たのしいムーミン一家《いっか》

トーベ・ヤンソン/作・絵
山室《やまむろ》 静《しずか》/訳

ムーミン谷の仲間たちがきっと大切なことを教えてくれる。ユーモアと冒険を愛したトーベ・ヤンソンの、時代を超えて愛されつづける物語。シリーズ全9巻。

レ・ミゼラブル ああ無情《むじょう》

ビクトル・ユーゴー/作
塚原亮一《つかはらりょういち》/訳　片山若子《かたやまわかこ》/絵

一切れのパンを盗み19年間牢獄で過ごしたジャン・バルジャン。彼を生まれ変わらせたのは、司教の大きな愛だった。フランスを代表する感動長編を一冊で。

新訳《しんやく》 名犬《めいけん》ラッシー

エリック・ナイト/作
岩貞《いわさだ》るみこ/訳　尾谷《おたに》おさむ/絵

ジョーの愛犬ラッシーは、ある日お金持ちの貴族に買いとられてしまう。ジョーのもとに帰るため、ラッシーの旅がはじまる！実話を基に描かれた感動の物語。

シートン動物記《どうぶつき》(全《ぜん》3巻《かん》)

アーネスト・トムソン・シートン/作
阿部知二《あべともじ》/訳　清水《しみず》 勝《まさる》/絵

きびしい大自然の中くりひろげられる野生動物たちの戦いや愛、かなしみなどをありのままに描く。動物と人間の共存を願う著者の作品から有名な各4編を収録。

赤毛《あかげ》のアン

L・M・モンゴメリ/作
村岡花子《むらおかはなこ》/訳　HACCAN《ハッカン》/絵

リンゴの白い花が満開のプリンスエドワード島にやってきた赤毛の女の子。夢見がちで、おしゃべりなアンがまきおこすおかしな騒動で、みんなが幸せに！

若草物語《わかくさものがたり》(全《ぜん》4巻《かん》)

オルコット/作
中山知子《なかやまともこ》・谷口由美子《たにぐちゆみこ》/訳　藤田《ふじた》 香《かおり》/絵

150年間、世界中に愛されつづけているマーチ家の4姉妹。〝プレゼントなしのクリスマス〟で幕をあける、涙と笑いと愛に満ちたゆかいな1年間がはじまる！

青い鳥文庫

名探偵《めいたんてい》ホームズ 赤毛組合《あかげくみあい》

コナン・ドイル/作
日暮《ひぐらし》まさみち/訳　青山浩行《あおやまひろゆき》/絵

世界でもっとも有名な名探偵・ホームズ。はじめて読む人へおすすめの表題作と3編収録。シリーズ全60編すべてが読める児童文庫は青い鳥文庫だけ！

十五少年漂流記《じゅうごしょうねんひょうりゅうき》

ジュール・ベルヌ/作
那須辰造《なすたつぞう》/訳　金 斗鉉《キム トゥゲン》/絵

15人の少年たちを乗せた船が嵐にのまれ無人島に漂着した。年齢も国籍もちがう少年たちが勇気と知恵をふりしぼり、力をあわせて生きぬく2年間の物語。

海底《かいてい》2万《まん》マイル

ジュール・ベルヌ/作
加藤《かとう》まさし/訳　高田 勲《たかだ いさお》/絵

なぞの男ネモ艦長ひきいる巨大潜水艦ノーチラス号。その秘密に挑む、とらわれた博物学者アロンナクス教授たち。海底の神秘の世界を描く、SF作品の大傑作！

トム・ソーヤーの冒険《ぼうけん》

マーク・トウェーン/作
飯島淳秀《いいじまよしひで》/訳　にしけいこ/絵

いたずら好きで勉強ぎらいのトムは、知恵とアイデアでペンキぬりの手伝いをサボることに成功する。アメリカでもっとも愛されている少年トムの大冒険！

三銃士《さんじゅうし》

デュマ/原作
藤本《ふじもと》ひとみ/文　K２商会《ケーツーしょうかい》/絵

舞台はルイ王朝時代のフランス。熱い心の青年ダルタニャンと３人の銃士が、国をゆるがす陰謀に立ち向かう。藤本ひとみ先生が描く、恋と友情の冒険活劇！

ギリシア神話《しんわ》 オリンポスの神々《かみがみ》

遠藤寛子《えんどうひろこ》/文
小林 系《こばやし けい》/絵

「開けてはいけないパンドラの箱」「見た者を石にかえるメドウサの首」など、有名なお話を収録。神々と人間がおりなす美しくて魅力的な神話の世界へ――！

「講談社《こうだんしゃ》 青《あお》い鳥文庫《とりぶんこ》」刊行《かんこう》のことば

太陽《たいよう》と水《みず》と土《つち》のめぐみをうけて、葉《は》をしげらせ、花《はな》をさかせ、実《み》をむすんでいる森《もり》。小《こ》鳥《とり》や、けものや、こん虫《ちゅう》たちが、春《はる》・夏《なつ》・秋《あき》・冬《ふゆ》の生活《せいかつ》のリズムに合《あ》わせてくらしている森《もり》。森《もり》には、かぎりない自然《しぜん》の力《ちから》と、いのちのかがやきがあります。

本《ほん》の世界《せかい》も森《もり》と同《おな》じです。そこには、人間《にんげん》の理想《りそう》や知恵《ちえ》、夢《ゆめ》や楽《たの》しさがいっぱいつまっています。

本《ほん》の森《もり》をおとずれると、チルチルとミチルが「青《あお》い鳥《とり》」を追《お》い求《もと》めた旅《たび》で、さまざまな体験《たいけん》を得《え》たように、みなさんも思《おも》いがけないすばらしい世界《せかい》にめぐりあえて、心《こころ》をゆたかにするにちがいありません。

「講談社《こうだんしゃ》 青《あお》い鳥文庫《とりぶんこ》」は、七十年《ねん》の歴史《れきし》を持《も》つ講談社《こうだんしゃ》が、一人《ひとり》でも多《おお》くの人《ひと》のために、すぐれた作品《さくひん》をよりすぐり、安《やす》い定価《ていか》でおおくりする本《ほん》の森《もり》です。その一さつ一さつが、みなさんにとって、青《あお》い鳥《とり》であることをいのって出版《しゅっぱん》していきます。この森《もり》が美《うつく》しいみどりの葉《は》をしげらせ、あざやかな花《はな》を開《ひら》き、明日《あす》をになうみなさんの心《こころ》のふるさととして、大《おお》きく育《そだ》つよう、応援《おうえん》を願《ねが》っています。

昭和《しょうわ》五十五年《ねん》十一月《がつ》

講談社